Ein Königreich für ein Zelt

Was der Mensch braucht, um Mensch zu sein

Daniel Trobisch

Quiet Waters Publications

2021

Quiet Waters Publications
Quietwaterspublications@gmail.com
http://www.quietwaterspub.com

ISBN 978-1-931475-77-8

Umschlag nach einem Gemälde von Martin Molda

VORWORT

In dem Buch geht es um eine Reise nach innen. Das Bild des Zeltes steht für eine Grundstruktur, die es ermöglicht, diese Reise anzutreten und sich das Erlebte zu eigen zu machen. Für das weite Neuland, das sich damit erschließt, habe ich das Bild des Königreichs gewählt.

Meine Beschäftigung mit Philosophie und Naturwissenschaft hat mich immer wieder zu den erkenntnistheoretischen und anthropologischen Grundannahmen zurückgeführt, die uns in den Jahrtausende alten biblischen Erzählungen begegnen — Geschichten, die für eine Gemeinschaft von Gläubigen so bedeutungsvoll waren, dass sie von Generation zu Generation weitergegeben und durch unsägliches Leid hindurch bewahrt wurden.

Am Ende des Buches ermutige ich zu praktischen Schritten im Dialog, die sich aus Einsichten ergeben, die auf dieser Reise nach innen erfahren wurden.

Inhaltsverzeichnis

EINE REISE IN DIE TIEFE

Vom Verhältnis zu mir selbst

Es geht um das, was uns aus dem Grunde unseres Wesens bewegt: Motivation kommt von „movere", dem lateinischen Wort für „bewegen". Was bewegt mich eigentlich? Woher kommt das – und was bedeutet das für mich?

Wir Menschen sind eigenartige Lebewesen, die nicht nur riechen, tasten, schmecken, sehen, spüren und fühlen, dass wir da sind. Wir haben eine Fähigkeit, uns unseres Selbst bewusst sein zu können. Uns werden Erfahrungen nicht nur bewusst, sondern wir können dieses Bewusstsein aus der Distanz betrachten und noch einmal in Frage stellen. Wir können uns fragen: Was hat das mit mir zu tun?

Der Philosoph Sören Kierkegaard hat das einmal so ausgedrückt: „Das Selbst ist ein Verhältnis" (Kierkegaard, 1957, S. 8-10) – ein Verhältnis, in dem ich mir gegenübertreten kann: Ich kann beispielsweise feststellen, wie es mir im Augenblick geht. Das bewusste Ich kann sich in diesem Raum des „Mir" bewegen, ihn wie mit einer kleinen Laterne ableuchten. Da gibt es Bereiche und Erinnerungen, die mir gut zugänglich sind, aber auch Orte, an die ich von allein nicht mehr hingelange, die mir also nicht mehr bewusst sind.

Aber damit nicht genug. Dieses Verhältnis zu mir kann als solches wieder zur Frage werden: „Das Selbst ist ein Verhältnis, das sich zu sich selbst verhält" fährt

Kierkegaard fort. In diesem Selbst-Bewusstsein wird hinter allem, was mich an Erfahrungen bewegt, eine Grundhaltung spürbar. Wie geht es mir mit mir? Wie gehe ich mit mir um? Warum? Worum geht es mir da? Was drängt mich und wohin zieht es mich?

Wir können uns selbst grundsätzlich in Frage stellen. Dieses Selbst ist also nicht selbstverständlich und angeboren. Es ist etwas, das geworden und gewachsen ist. Die Art und Weise, wie wir zu uns selbst stehen hat viel damit zu tun, was uns berührt und bewegt hat. Ob dieses Verhältnis zu mir ein gutes ist oder ein schlechtes, hängt sehr davon ab, wie sich andere zu mir verhalten haben.

Die Gehirnforschung hat nachgewiesen, dass die erste Kommunikation zwischen Mutter und Kind sich in Kreisläufen von Bruchteilen einer Sekunde abspielt. So kurz ist ein „Augenblick". Ganz ohne Worte und vornehmlich über die linke Gesichtshälfte kommunizieren Mutter und Kind vom ersten Augenaufschlag an. Der wachstumsfördernde Kreislauf beginnt immer mit einer Frage, einer Ungewissheit, einem Bedarf des Kindes und führt über die Antwort und Vergewisserung im Antlitz der Mutter zu einem Gefühl euphorischer Freude. Dieses Auflachen eines Säuglings, das auf diesen blitzschnellen Kommunikationszyklen beruht, haben wir oft beobachtet. Das Seltsame ist: Es ist genau dieses euphorische Gefühl, das mit der Ausschüttung von Hormonen das Wachstum von Zellen im Gehirn begleitet, die der Bildung unserer Identität zugeordnet werden. (Schore, 1994, S. 71-91) Es ist staunenswert, wenn man auf diesem wissenschaftlichen Hintergrund den Aaronitischen Segen liest: „Sein Angesicht leuchte über uns!" (1.Mo 6,25)

Gottes Angesicht kann über unserem spürbar werden, wenn wir für unsere Kinder zu Menschen werden, die sich ihren bedürftigen, fragenden, zweifelnden und ängstlichen Blicken nicht entziehen.

Diesen Blick kann ich mir selbst nicht geben — auch nicht vor dem Spiegel. Dazu brauche ich den anderen.

Damit bin ich bei drei scheinbaren „Selbstverständlichkeiten", die dem Mensch-Sein eigen sind, drei Voraussetzungen, um zu verstehen, was uns im Tiefsten bewegt: Einzigartigkeit, Veränderung, und Dialog.

SELBST-VERSTÄNDLICHKEITEN

Einzigartigkeit

Jeder von uns ist anders. Jeder von uns ist einzigartig. So wie du die Welt um dich herum, so wie du die Wirklichkeit erfährst — auch wenn es die gleiche Welt ist — ist es nie dieselbe Erfahrung wie die eines anderen Menschen. Das heißt: Jeder von uns nimmt Aspekte der Wirklichkeit wahr, die niemandem sonst unmittelbar zugänglich waren, sind oder sein werden. Die einzige Möglichkeit, andere an diesem Aspekt teilhaben zulassen, ist es, ihn mitzuteilen: Wenn du nicht mitteilst, wie du die Welt erlebst, wird dieser einzigartige Aspekt, dieser Zugang zur Wirklichkeit, für alle Zeit verloren gehen. Das gilt nicht nur für dich und mich, das gilt für jedes einzelne Kind. Es ist auch der einzige Weg, ein möglichst umfassendes Bild von dem zu bekommen, was wir gemeinsam sehen.

Ich kann mich noch genau an den Zeitpunkt erinnern, an dem mir das unmissverständlich klar wurde: Ich saß als junger Student beim Frühstück mit meinem damals vier-jährigen Patenkind und ihren drei- und fünfjährigen Brüdern, als ihr Vater — ein Äthiopier — sie unvermittelt fragte: „Kinder, was habt ihr geträumt?" Und eine nach dem anderen begann zu erzählen. Da habe ich das erste Mal begriffen, dass es wahrscheinlich nichts Weltbewegenderes gibt als das, was ein Kind bewegt — weil es eines Tages die Welt bewegen wird.

Als Menschen, die mehr oder weniger daran interessiert sind, was „man" tut und wie „man" sich verhält, um miteinander auszukommen, haben wir uns im Zeitalter psychologischer und soziologischer Forschung an Fragebögen gewöhnt, die uns dann nach statistischer Auswertung Auskunft darüber erteilen, was nun eigentlich „normal" sei. Eine Norm beruht statistisch bekanntlich auf Häufigkeit — aber ist „normal" wirklich das, was die meisten einer bestimmten Bevölkerungsgruppe zu einer bestimmten Situation tun oder denken? Solche Normen sind für die Wissenschaft sicherlich eine wichtige Erkenntnis, aber inwieweit sind sie geeignet, unser Verhalten zu beurteilen? Woran orientieren wir uns da? Es gibt vieles, das sehr häufig vorkommt und durchaus nicht gut ist für uns. Das Problem liegt in der Doppeldeutigkeit des Wortes „normal": Statistiken können uns zeigen, wie häufig etwas ist — sie geben uns keine Auskunft darüber, wie etwas sein soll. Das etwas schon gut oder richtig ist, nur weil es oft vorkommt, ist ein weit verbreiteter Irrtum. Statistisch gesehen ist es durchaus normal, gelegentlich unter einer Depression zu leiden, aber muss man wenigstens einmal klinisch depressiv gewesen sein, um normal zu sein?

Würde allein die Häufigkeit zum Maßstab genommen, so wäre statistisch gesehen der normale Mensch ein leicht debiler Zwangsneurotiker und jeder außerordentlich Begabte gehörte automatisch in Behandlung.

Wir können mit diesem Maßstab nicht einmal zwischen gesund und krank unterscheiden.

Woher also kommt unsere Orientierung — als einzigartige Wesen — in der Frage, was besser ist und was schlechter, oder was mehr und was weniger Leben bedeutet? Sobald es um Maßstäbe geht – wie in der Physik etwa das Urmeter — wird in der Psychologie die „Eins" zum Problem. Wer setzt hier den Maßstab, von dem aus wir anfangen könnten zu zählen und an dem wir uns zu messen hätten?

Veränderung in der Zeit

Ein Zweites, das zu dieser Einzigartigkeit unseres Lebens gehört, weil wir es nie anders erleben und darum eigentlich nicht anders denken können, ist die Tatsache, dass wir in der Zeit leben und uns verändern. Diese Veränderung in der Zeit macht es besonders in den Verhaltenswissenschaften schwer, zeitlos Gültiges festzustellen. Unsere Entwicklung wird bestimmt von äußeren Bedingungen und Ereignissen und der Art, wie wir damit umgehen. Wir wachsen und verändern uns. Wir sind dynamische — in Bewegung befindliche — Lebewesen. Die gute Nachricht ist, dass wir seelisch nie aufhören müssen, zu wachsen. Das Gehirn eines in Dialog befindlichen Menschen — im Dialog mit sich, mit anderen und mit seiner Welt — hört nicht auf zu wachsen. Wer wächst, hat eine Geschichte. Jeder von uns hat eine eigene Geschichte. Wir können uns selbst nicht verstehen, ohne etwas über unsere Geschichte zu wissen und eine Antwort darauf zu suchen, wie wir geworden sind. Wie bin ich zu dem geworden, was ich jetzt bin? Warum sehe ich die Dinge so, wie ich sie jetzt sehe?

Auch meine Gefühle haben eine Geschichte: Manchmal genügt der Blick eines anderen, um in mir ein bestimmtes Gefühl auszulösen — aber, wenn ich mir nicht die Frage stelle, woher dieses Gefühl kommt, wird der andere vom Auslöser zur Ursache. Bei einem Gefühl wie Zorn oder Wut kann das sehr destruktiv sein und jeden Dialog beenden. Jedes meiner Gefühle hat seine eigene Geschichte. Es kommt irgendwo her. Wenn ich einen Vater hatte, dessen Gesichtszüge sich vor jedem Wutausbruch in einer ganz bestimmten Weise verändert haben, und ich diese Veränderung bei irgendjemand anderem sehe, dann kann es sein, dass das in mir aufkommende Gefühl mich von einem inneren Ort her reagieren lässt, der mit der aktuellen Situation nichts mehr zu tun hat. Ich mache den anderen dann für etwas verantwortlich, was zu meiner Geschichte gehört. Der andere kann es bestenfalls auslösen. Auch meine Gefühle haben eine Geschichte und werden für den anderen oft erst dann nachvollziehbar, wenn er diese Geschichte kennt. Für meine Gefühle und den Umgang mit ihnen bin ich jedoch selbst verantwortlich.

Wenn wir uns fragen, was uns bewegt, dann geht es um Gefühle, um „E"-motionen: das also, was mich — gemäß der ursprünglichen Wortbedeutung — „von innen heraus" in Bewegung setzt.

Das Kind, dessen Identität, dessen Selbst-Bewusstsein sich erst bilden muss, spricht zunächst von sich oft in der dritten Person oder nennt sich beim Namen und beginnt erst später, „Ich" zu sagen. In dieser Zeit fangen wir an, uns auch abzugrenzen, „nein" zu sagen, erlebte Gefühle als eigene Gefühle zu identifizieren und als zu uns selbst gehörig zu integrieren. Vor dieser Identifikation, vor jedem Verständnis für das „Eigene" waren wir mit unseren Erlebnissen, mit unserer Umwelt verschmolzen und Gefühle wurden vielleicht wie eine Farbe oder Qualität des Ereignisses erlebt. Wir konnten uns vom Erlebten noch nicht unterscheiden. Jedenfalls können wir aus der Art, wie ein Kind von sich sprechen lernt, schließen, dass es ein Entwicklungsprozess ist, diese vielen so verschiedenen Gefühle als innere Antwort auf die erlebte Welt von außen zu verstehen — um etwa sagen zu können: „Ich bin wütend" oder noch genauer: „das macht mich wütend". Durch traumatische Ereignisse kann die Entwicklung zu „bewusstem" Fühlen gestört sein und würde unter anderem das Erleben und Verhalten sogenannter multipler Persönlichkeiten verständlicher machen, wenn Gefühle nicht zugeordnet werden und automatische Reaktionsweisen auslösen, die für andere wie plötzliche Wesensveränderungen wirken. Für das Gelingen dieser Integration von Gefühlen scheint der Dialog des Berührens und Berührt-Werdens, des Hörens und Gehört-Werdens, des Sehens und Gesehen-Werdens durch einen anderen Menschen von Anfang an grundlegend und bedeutsam. So erfahre ich mich und begegne mir und trete damit in einen Dialog mit mir. Diese Erfahrung hat ihre Geschichte, und um uns selbst zu verstehen, kommen wir um diese Geschichte nicht herum — erst recht nicht, wenn wir den anderen verstehen wollen.

Es gibt einen Unterschied zwischen Verstehen und Erklären — den Unterschied zwischen Grund und Ursache. Ich kann erklären, wieso ich hier sitze: Ich könnte mit meiner Geburt beginnen oder mit der Geburt meiner Großmutter und sämtliche Fakten aufzählen, die mich zu dieser Zeit an diesen Ort gebracht haben. Jede einzelne Tatsache wäre eine Ursache, die ich nicht auslassen dürfte, um das Ergebnis zu erklären. Eine Kette von Ursachen führt eindeutig und bestimmend zu einem Ereignis. Das Eigenartige ist, dass es trotz dieser vielleicht langwierigen und präzisen Erklärung nicht möglich wäre, jemandem verständlich zu machen, warum ich hier sitze — solange ich nicht meine Gründe genannt habe, die mich dazu bewegt haben. Im Gegensatz zu Ursachen habe ich bei Gründen die Wahl. Ich kann einem Grund vor einem anderen den Vorzug geben. Ich kann wählen und entscheiden. Ein Grund bewegt mich wie ein Wind, der in die Segel fährt, aber er muss nicht meinen Kurs bestimmen — ich könnte auch bei Gegenwind mein Ziel erreichen. Eine Ursache bestimmt mein Handeln — ein Grund lässt mir die Wahl. Um verstanden werden zu wollen, muss ich meine Gründe nennen, sonst kann der Wind nicht gespürt werden, der meine Seele bewegt hat. Verstehen heißt, sich demselben Wind auszusetzen, der den anderen bewegt. Wer ver-steht, weiß für einen Moment, wie es sich von innen her anfühlt, an dem Ort des anderen zu stehen.

Zwiebelschneiden verursacht Tränen, es erklärt sie. Traurigkeit begründet Weinen und macht mein Weinen verständlich. Beim Zwiebelschneiden habe ich keine Wahl, aber die Tränen meiner Traurigkeit kann ich manchmal unterdrücken — etwa, wenn ich mich dafür schäme. Um mich zu verstehen — damit Du mich verstehst — wenn ich weine, weil ich traurig bin, muss ich meine Gründe nennen. Hier leuchtet wieder etwas auf von unserer Einzigartigkeit: Der gleiche wahrgenommene Eindruck kann für jeden von uns eine andere Wirkung haben. Um mich zu verstehen, solltest Du wissen, wie etwas auf mich wirkt und damit den Grund kennen, der mich bewegt. Um einander zu verstehen, sollten wir unsere Gründe mitteilen. Um mich selbst zu verstehen, sollte ich mir über meine Gründe klar werden. Dazu wäre es gut, wieder hinhorchen und hin-spüren zu lernen, was uns bewegt.

Gründe erlauben es uns mit den gleichen eindeutigen Ursachen und Bedingungen je anders umzugehen. Darum werden wir uns dem Geheimnis menschlichen Handelns nur nähern können, wenn wir bei aller Erforschung messbarer und überprüfbarer Bedingungen versuchen, Beweggründe zu verstehen.

Warum ist das wichtig? Es wird im christlichen Glauben über kaum etwas so viel gesprochen wie über die Liebe Gottes.

Ein grundlegendes Zeichen, ein Wesensmerkmal von Liebe ist die Freiwilligkeit. Ich kann niemand dazu zwingen, mich zu lieben. Nehmen wir einmal an, wir hätten alle Macht: wir bräuchten nur einen Gedanken denken und Galaxien würden sich verändern. Angenommen wir hätten die Zahl der Haare auf jedem von uns geschaffenen Lebewesen gezählt. Angenommen wir wüssten alles und könnten alles — und wollten nun einem dieser mit Bewusstsein ausgestatteten Lebewesen unmissverständlich zeigen, dass wir sie oder ihn lieben. Würde uns diese Macht dazu etwas nützen? In dem Moment, wo ich meine Macht dazu einsetzen würde, wäre ich mir der Freiwilligkeit der Antwort nicht mehr sicher. Ist die Antwort aber nicht freiwillig, so kann sie alles Mögliche sein, nur keine Liebe (und tatsächlich ist die wahrscheinlich häufigste Antwort auf Gott — gerade in frömmsten Kreisen — die Angst). Hier leuchtet der Respekt Gottes vor uns auf: Das ist es, was wir eigentlich jedes Jahr zu Weihnachten feiern: Dass Der, der die Galaxien lenkt zum verwundbarsten und verletzlichsten — zum ohnmächtigsten — dieser Lebewesen geworden ist: Zum ungeborenen Kind. Er hat sich dieser Verletzlichkeit ausgeliefert, und damit der Möglichkeit, dass vielleicht niemand da ist, der versteht und antwortet. Nach meinem Verständnis hat sich Gott in der Krippe uns anvertraut. Wie ein Neugeborenes, das in seiner Schutzlosigkeit gar nicht anders kann als zu vertrauen. Er vertraut sich selbst dem Menschlichen an, das Er in uns angelegt hat, das Er mit uns teilt — und riskiert dabei, dass alles umsonst war. Es gibt keine andere Möglichkeit uns mitzuteilen, dass wir geliebt sind, wertvoll und geachtet, ohne uns die Freiheit zu nehmen, darauf zu antworten. Sein Herz macht sich von uns abhängig. Diese Ohnmacht hat Er durchlebt und durchgetragen bis zu einem unschuldigen Martertod am Kreuz. Das schier Unbegreifliche lässt uns hier noch einmal innehalten, um zu verstehen, was da geschieht: Mit durchbohrten Händen und Füßen, mit Dornen, die in die Schädeldecke dringen, in glühender Sonne an diesem Kreuz zu hängen, in panischer, angstvoller Gewissheit eines unausweichlichen Todes. Durst, unerträglicher Schmerz, Verzweiflung — aber immer im Bewusstsein nur einen Gedanken denken zu müssen und es wäre vorbei — und diese Macht nicht zu nützen aus einem Beweggrund: Damit wir begreifen, wie wertvoll wir Ihm sind.

Das ist der Hintergrund. Wenn Gott selbst sich nicht das Recht gibt, in unser Leben zu treten ohne unsere Einladung, wenn Er unsere Schwelle nicht übertritt, ohne anzuklopfen und auf die Einladung zu warten — dann hat kein Mensch das Recht dazu.

Von diesem Respekt dürfen wir ausgehen. Er begründet die Achtung vor anderen und vor uns selbst. Er lädt uns zu dem Versuch ein, einmal so behutsam mit uns selbst umzugehen und so behutsam nach uns zu fragen und so behutsam um uns zu werben wie das Der getan hat, Der uns gemacht hat. Wir könnten uns so selbst auf die Spuren kommen und vielleicht einiges

24

entdecken, was uns hindert. Wir könnten neue Sicht-weisen eröffnen und weite Räume betreten — auch für andere, auch für unsere Kinder. Wir würden besser verstehen, worauf es ankommt.

All das gehört in den Bereich unserer Einzigartig-keit und Geschichtlichkeit. Es könnte uns motivieren uns selbst ein wenig nachzuspüren — und damit viel-leicht jemanden aufzuspüren, den wir noch gar nicht kennen. Gerade unter Christen gibt es hier große Vor-behalte: Wir können einer unmittelbaren Wahrneh-mung oder einem Gefühlt nicht vertrauen und es ernst nehmen, wenn uns beigebracht wurde, dass es zu einer grundsätzlich schuldhaften und bösen Seite unseres Wesens gehört.

Selbstverwirklichung kann auf vielfältige Weise in-terpretiert und missverstanden werden, aber letztlich kann ich nicht durch mich selbst zu mir selbst kommen und das in mir Angelegte entfalten. Ich kann mich selbst bestenfalls vor Bedingungen schützen, die mich daran hindern, zu wachsen. Erst dann könnte ich die ureigene Stimme in mir spüren lernen, der sich Gott selbst anvertraut hat, und die er respektiert.

Jeder Bergsteiger oder Segler weiß, dass es hilfreich ist, zu wissen, wie ein Knoten geknotet wurde, um ihn zu entwirren. Die meisten von uns haben ein etwas ge-spaltenes Verhältnis zu unserer eigenen Geschichte. Je schmerzhafter und erschütternder unsere Verletzun-gen waren, desto eher neigen wir dazu, diesen Teil unserer Geschichte zu vergessen, ja zu verdrängen und manchmal so abzuspalten, dass sie willentlich unserer Erinnerung nicht mehr zugänglich ist. Es geht nicht darum, uns unserer ganzen Geschichte bewusst zu werden. Aber wir könnten lernen, unsere eigene Stimme zu erkennen und nach und nach auszuräumen, was uns daran hindert, sie zu hören und dem nachzugehen, was uns im Innersten bewegt.

Ein Freund hatte gerade vor chinesischen Immigranten in seinem Englischunterricht sein Verständnis von Vergangenheit, Gegenwart und Zukunft erklärt, als im Anschluss eine Dame auf ihn zukam und ihm höflich zu bedenken gab, dass das doch eigentlich ganz anders wäre: Ja, wir stünden jetzt in der Gegenwart, aber das, was wir kennen, was uns vor-liegt und worin wir lesen könnten wie in einem Buch, sei doch die Vergangenheit. Die Zukunft aber, die Unbekannte, die käme von hinten an uns heran.

Diese Vorstellung, dieser Perspektivenwechsel hat mir Eines verdeutlicht: Dort nämlich, wo ich in meinem Geschichtsbuch tatsächlich lesen kann — gerade auch in den Abschnitten, die mir weh getan haben — oder mit jemandem darüber reden kann, dort also, wo ich Frieden geschlossen habe mit meiner Vergangenheit, da verliere ich auch Angst vor der Zukunft. Gegründet in meiner verstandenen Geschichte kann ich die Zukunft an mich herankommen lassen, auch ohne sie zu kennen, weil ich die Orientierung nicht verliere.

So würde ich sogar etwas von mir kennenlernen, das es in die Zukunft hineinzutragen und zu entwickeln gilt. Es geht hier nicht um vollständige Vergangenheitsbewältigung, die kontrollieren möchte. Es geht vielmehr um die Gelassenheit des nicht Verlassenen, die anschauen kann was gewesen ist, um herauszufinden, was für mich an dem, was mich bewegt hat, auch für die Zukunft gültig und bedeutsam ist.

Als zeitliche, geschichtliche Wesen befinden wir uns seelisch in einem ständigen Übergang von einem Nicht-mehr-sein in ein Noch-nicht-sein (Revers, Wilhelm Josef, 1962, S. 72-74) und dort, wo wir aufhören, innerlich zu wachsen und entschieden auf etwas zuzugehen, entfernen wir uns von uns selbst. Um mich in die Zukunft aufmachen zu wollen, braucht es etwas, das mich in Bewegung setzt. Woher kommt dieser Wille?

Welchen Grund habe ich eigentlich, morgens aufzustehen? Die Frage ist hier nicht nach der Ursache — wie etwa dem Wecker — sondern: Gibt es etwas für das ich aufstehen will? Und das vielleicht — über ein gutes Frühstück hinaus — nicht nur heute, sondern auch morgen und übermorgen? Wenn es — um ein Bild von Viktor Frankl zu bemühen — tatsächlich so ist, dass unser Lebensbuch vor uns aufgeschlagen liegt, wir bis zum heutigen Tag alles vollgeschrieben haben und der morgige Tag mit einer leeren Seite beginnt, wie würde ich dieses Buch gerne fertig schreiben,

27

damit ich zum Schluss in meinem Leben vorgekommen bin? Was ist von mir in meinem Leben noch nicht vorgekommen? Was will da noch zur Welt kommen, Wirklichkeit werden?

Der Philosoph Martin Heidegger hat bei einer Begegnung folgenden Satz in das Tagebuch von Viktor Frankl geschrieben: „Das Vergangene geht, das Gewesene kommt." Ich meine, dass sich an diesem Satz die Schönheit, Dichte und Präzision der deutschen Sprache zeigt. Für das „Gewesene" bräuchte man ähnlich wie für das Wort „Geborgenheit" mindesten drei Begriffe, um es ins Englische annähernd so zu übertragen, dass die für uns gemeinte Bedeutung mitschwingt. Das, woran in meinem Leben mein Wesen nicht beteiligt ist, vergeht. Es ist mir zwar passiert, aber ich habe daran wenig Anteil genommen. Mein Eigentliches, mein Innerstes war nicht beteiligt. Es gehört zwar zu den Ereignissen meines Lebens, trägt aber nicht zu den Gründen bei, durch die ich den Lauf meines Lebens mitgestalten kann. Damit etwas „gewesen" ist, muss ich mit meinem Wesen beteiligt sein, es braucht meine Annahme, meine Stellungnahme, die ureigene Bedeutung, die ich dem Erlebten gebe. Um „gewesen" zu sein braucht das mir im Leben Widerfahrene meine Antwort. So wird es zu meiner Erfahrung. Das aber, was einmal im eigentlichen Sinn „gewesen" ist, verlieren wir nicht. Es ist der Vergänglichkeit entrissen und wird zu unserem Beitrag an der

Zukunft: Es kommt. Wir nehmen es mit, denn niemand kann es uns nehmen, solange wir einen Grund haben morgens aufzustehen. Auch Trauerarbeit hat immer damit zu tun, „Gewesenes" noch einmal zu bergen und unverlierbar zu machen. Der Verlust täte nicht so weh, wenn es nicht um etwas Kostbares und Wesentliches für uns ginge, das uns ausmacht und damit auch in die Zukunft weist.

Wäre es nicht interessant, einmal diesem Wesen in meiner Geschichte nachzugehen und dem Wesentlichen in meinem Leben, um zu entdecken, was mich bewegt, was da noch werden will?

Wesen des Dialogs

Neben unserer Einzigartigkeit und Geschichte sind wir auch Wesen des Dialogs. Wir bedürfen der Ansprache, um zu antworten. Unser Selbst erkennen wir erst dort, wo wir „an-erkannt" wurden. Das können wir uns selbst nicht einreden. Es bleibt ein Geheimnis. Es scheint, als ob wir uns in dieser Zeit zunehmender Vereinsamung der lebensstiftenden Wirkung dieses Geheimnisses immer mehr berauben, trotz aller kommunikativer Medien. Ein Fernsehgerät kann es nicht ersetzen, angesprochen und gefragt zu werden. Das Gerät kann sich uns nicht zuwenden und uns anschauen oder Zeit für mich haben. Martin Buber hat es so formuliert: „Das Ich kann nur am Du werden" (Buber, 1923).

Ich kann an mir entdecken, wonach Du fragst und was Du mit mir erkundest. Allein komme ich nicht so weit. Ich komme ein Stück weit und es ist auch wichtig, immer wieder das im Dialog Entdeckte für mich zu bergen, aber zu mir selbst finde ich nicht ohne Dich. Letztlich — wir merken es ja schon — weist dieses Prinzip über uns hinaus: Unser Leben ist eigentlich ausgerichtet auf Jemanden, der uns da hineingerufen hat und Der uns fragt: Was willst du? Was bewegt dich? Wer fragt dich eigentlich mit dem, was du in deinem Leben vorfindest und wonach?

Erst wo wir so gefragt werden, spüren wir in dem, was wir vorfinden, das Mögliche. Wir spüren das, was sich in und durch uns entfalten und verwirklichen möchte. Das kann gelingen, wenn uns die liebende Frage erreicht, wenn mich jemand so ernst nimmt, dass er meine Antwort wissen will. Wir sind Wesen des Dialogs. Wir werden uns selbst erst dann fragen, wenn wir so gefragt werden. Wir können uns das selbst nicht geben. Es ist das Prinzip hinter dem wortlosen Kommunikationszyklus zwischen Mutter und Kind, das sich in jeder echten Begegnung fortsetzt. Wir können uns selbst nicht finden ohne dass uns jemand sucht und anschaut; ohne jemand, der sich Zeit für uns nimmt, sich uns zuwendet und uns fragt. Es gibt nichts Weltbewegenderes als das, was uns bewegt, weil wir diese Welt bewegen und verändern können.

Wir können zwar im Laufe unserer Entwicklung immer mehr allein tun, aber wir bleiben für diese Entwicklung auf ein Du angewiesen. Völlige Unabhängigkeit ist so gesehen nicht stark, sondern realitätsfremd und pathologisch — denn das Wesentliche lässt sich nicht allein entdecken.

Das taucht auch den Dialog der Geschlechter in ein neues Licht: Was heißt es als Frau, was heißt es als Mann geboren zu sein? Verstehen wir einander? Verstehen wir uns selbst? Was können wir voneinander lernen? Welche Sichtweisen können wir einander eröffnen? Wäre da nichts verstehbar, könnten wir nicht miteinander reden. Verstehen aber bedeutet an der Stelle des anderen stehen zu können nach dem indianischen Sprichwort: Beurteile nie deine Schwester oder deinen Bruder, bevor du nicht zwei Monde in ihren Mokassins gegangen bist. Wenn Dein Mokassin ein Loch hat, friert mein Fuß. Es bedeutet den inneren Wind zu spüren, der deine Seele bewegt. Es kann ein völlig unbekannter Wind sein, den du mich da spüren lässt. Ich würde ihn nicht für möglich halten ohne dich, aber durch dich wird er wirklich, beginnt spürbar zu wirken und eröffnet mir neue Perspektiven. So kann ich mich durch dich nicht nur finden, sondern besser verstehen. Vielleicht ändert die Art, wie du mich ansiehst und mich fragst, sogar mein eigenes Verhältnis zu mir. Ich könnte anfangen mehr Geduld mit mir zu haben und Geheimnisse zu erforschen, zu denen ich nie allein vorgedrungen wäre.

Jede Geschichte hat helle und noch dunkle, unbeleuchtete Seiten. Ich habe mir als junger Mann vergeblich vorgenommen, nicht in dieselbe Falle zu tappen, in der ich aufgewachsen bin: Meine Eltern haben in der ganzen Welt weitergegeben, was sie für eine Familie als gut und heilsam erachteten. Dabei haben sie mit ihren fünf Kindern nicht einmal ein ganzes Jahr zusammen gelebt. So etwas wie Familien-Alltag gab es bestenfalls manchmal in den Ferien; der Alltag war eigentlich die Trennung. Eine Grundbedingung für gesunde seelische Entwicklung ist da zu wenig vorgekommen. Das kann ich jetzt ohne Bitterkeit sagen, aber als Geschwister hatten und haben wir immer noch daran zu leiden und zu arbeiten. Es gibt keinen Lebensweg, der nicht Wunden geschlagen hätte. Es ist oft so, dass das nach außen Glänzende eine besonders lebenshindernde Schattenseite hat. Das gehört dazu — und wahrscheinlich kann ich deshalb gut zuhören. Wichtig ist nur, es anzuerkennen und anzunehmen als meine Geschichte — ohne es gutheißen zu müssen. Das bin ich nun mal, und diese Geschichte gehört zu mir. Wenn ich nicht wüsste, was Schmerzen sind und wie sich Einsamkeit anfühlt, könnte ich nicht mitfühlen. Das macht Schmerz und Einsamkeit zwar nicht an sich zu etwas Gutem oder gar Erstrebenswerten, aber sie können etwas Lebenseröffnendes bewirken dort, wo ich mich ihnen stelle, sie beim Namen nenne, zu verstehen versuche und in meiner Geschichte zulasse. Genau dort kann es mir gelingen, auch den anderen zu verstehen. Wo es am dunkelsten ist, wird am meisten Licht benötigt — aber von dort kann dann auch am meisten reflektiert werden. Das sind jedoch oft die Stellen, die wir am sorgsamsten verschließen, wo wir niemanden, nicht einmal uns selbst hinlassen können, weil es einfach zu weh täte und zu viel Angst macht. Dorthin zu gelangen, dort Licht eindringen zu lassen, ist ein Prozess, der Vertrauen und Zeit erfordert und nur im Dialog geschehen kann.

Wir dürfen hier nicht schneller sein als es Gott selbst war. Er kann zwar Wunder tun, aber wie ich das Neue Testament verstehe, hat Er nicht etwa goldene

Flugzettel vom Himmel regnen lassen, sondern ist Mensch geworden, damit wir verstehen wer Er ist, und dass Er uns liebt. Dafür hat Er sich mit uns solidarisiert, hat mitgeschwitzt, mitgehungert und mitgeweint, und in schlimmsten Schmerzen verzweifelt mitgeschrien, um Sich uns vertraut zu machen — für alle Zeit.

EIN KÖNIGREICH FÜR EIN ZELT

Zwei Bilder zum Einstieg

Für das, was uns da von innen her in Bewegung setzt, möchte ich zwei Bilder verwenden: eine Vorstellung steht zwar immer vor der Wirklichkeit, aber sie muss die Wirklichkeit nicht immer ver-stellen, sondern kann auch etwas eröffnen. Es geht zunächst um das Bild eines Zeltes, das ich gleichsam schrittweise errichten möchte. Ein Zelt eignet sich hier, weil es beweglich und flexibel ist. So, wie ein Zelt beim Camping, nehmen wir uns selbst ja überall hin mit. Es ist etwas, das uns vor dem Wetter Schutzraum gewährt, uns zunächst von anderen trennt, in das wir andere aber auch hineinnehmen können. Es ist etwas, das wir in jedes neue Land mitnehmen können, um dort eine Zeit lang zu wohnen, zu reisen und das Land und die Menschen kennen zu lernen.

Wichtig ist, dass es beim Aufbau dieses Zeltes in seinen normalerweise aufeinanderfolgenden Phasen hier weniger um einen zeitlichen oder entwicklungspsychologischen Ablauf als vielmehr um verschiedene, einander bedingende gleichzeitige Aspekte ein und desselben Geschehens geht. Jeder Aspekt ist für das Gelingen dabei gleich wichtig und unerlässlich. Die Unterscheidung ist jedoch hilfreich, um Problembereiche zu orten.

Das einfache Bild eines Zeltes möchte ich umrahmen und ergänzen mit dem uralten und vielleicht noch vertrauteren Bild vom Königreich. Es taucht immer wieder in alten Geschichten, Märchen, Sagen und Mythen auf. Das Königreich steht darin als ein Bild für uns selbst. Meist ist am Beginn eines Märchens schon klar, welchem Königskind das Reich eigentlich zusteht. Jeder Person, jedem einzelnen, einzigartigen, gewollten, umworbenen und angefragten menschlichen Leben ist demnach ein Königreich zugesprochen. Ich glaube, das ist auch der Grund, warum Jesus dieses Bild immer wieder gebraucht hat. Einen König zum Vater zu haben, macht uns zu Königskindern, zu Königstöchtern und Königssöhnen. Jedem von uns eignet ein Königreich. Es ist uns zwar zugeeignet, aber um es uns anzueignen ist es not-wendig, dass es uns jemand zuspricht und mit uns entdeckt. So könnten wir es erkunden und erfahren. Es muss nicht gemacht oder erleistet werden, weil es bereits da ist und immer schon da war. Unseren Wert müssen wir nicht machen – es geht nur darum, ihn zu spüren. Aber das gelingt nicht allein.

Eine Besonderheit an diesem Königreich ist seine unendliche Weite, die sich über klare und beachtete Grenzen erschließt. In deinem Königreich hast du die Oberhoheit: Du darfst hereinlassen, wen Du willst und du darfst draußen lassen, wen du willst. Sogar Gott stellt sich an diese Schwelle und klopft an. Er würde die Grenze nie übertreten, ohne von dir eingeladen zu werden.

Wie in fast jedem Märchen ist die Aneignung dieses zugeeigneten Königreiches bedroht. Im Märchen sind es Riesen, Drachen, böse Feen, Zauberer, verzauberte Prinzessinnen und Prinzen und vieles mehr. Es ist wichtig zu verstehen, was mich daran hindert dieses Erbe anzutreten. Das gelingt nicht allein — im Märchen nicht, weil es auch im Leben nicht so ist.

Ein Reich, in dem ich bis zu meinem Lebensende ausreiten könnte, ohne je alle seine Geheimnisse zu entdecken, und wo ich die Freude erlebe, diese Geheimnisse mit jemandem teilen zu dürfen. Ja, viele dieser Geheimnisse bleiben mir sogar verborgen, solange sie nicht jemand mit mir im Vertrauen entdeckt, gerade wo Dunkelheit und Schmerz sie verhüllt haben. Dabei geht es immer um etwas Kostbares, das bedroht ist, sonst täte es nicht so weh und meine Seele müsste es nicht verbergen, um mich vor einer Bedrohung zu schützen, die mich sonst lähmen würde. Was hindert mich daran, selbst im Bewusstsein der mir übertragenen Autorität den Schutz meiner Grenzen zu übernehmen? Was hindert mich gerade dadurch die Achtung und den Respekt vor den Grenzen des Anderen zu wahren und das ehrfürchtige Staunen vor dem zu spüren, was dahinter liegen könnte? Wer selbst das Recht nicht spürt, Audienzen zu gewähren, wird dieses Recht auch bei anderen missachten.

Eigentlich geht es darum, dass jeder von uns aus seiner kleinen Besenkammer heraustritt, um im eigenen

Thronsaal Audienzen zu geben oder aus dem kalten, einsamen Eispalast missachteter Grenzen und ängstlich und verzweifelt erlittener und erlernter Gewalt in den wärmenden und lebensspendenden Dialog bedingungslos erfahrener Liebe.

Das ist unsere Berufung: gegründet, gefestigt, sicher, gelassen, fröhlich, offen, mitfühlend, weil die Grenzen klar sind und geachtet und geschützt werden können. Das Bild hilft auch eine sehnsüchtige Erinnerung in sich aufkommen zu lassen an eine Heimat, in die wir eigentlich gehören und die auf uns wartet.

Jeder Abschnitt schließt mit einer Geschichte aus der Bibel.

Boden

Das Erste, das so ein Lebenszelt braucht, ist Menschen, die uns einen Boden bereiten. Wir sind dialogische Wesen.

Im Vergleich mit dem Tierreich sind wir sogar extreme „Nesthocker" (Portmann & Stamm, 2000). Sogenannte „Nestflüchter" sind gleich nach der Geburt bereit, ihr Nest zu verlassen und können sich mit dem Wichtigsten versorgen, um zu überleben. Nesthocker dagegen brauchen noch Zeit, um im Nest geschützt, gewärmt und gefüttert zu werden, bis sie dieses Nest aus eigener Kraft verlassen können. Eines der schönsten Beispiele dafür ist im Tierreich das Känguru, das nach der Geburt in einen kleinen Beutel der Mutter kriecht, um dort noch monatelang ernährt zu werden und aus dieser gesicherten Umgebung die neue Welt zu bestaunen und auf sich wirken zu lassen, bis es so weit ist, diesen Schutzraum aus eigener Kraft zu verlassen und auf eigenen Füßen zu hüpfen. Dieser Beutel beim Känguru ist ein schönes Bild für den sogenannten „sozialen Uterus", eine bergende mitmenschliche Umgebung, die der nackte, frierende und abhängige Säugling braucht, um langsam auf die eigenen Füße zu kommen und um auf diesen Füßen aus eigenem Antrieb die Welt zu erkunden und eines Tages das Nest verlassen zu können. Dieser soziale Uterus sind die Menschen, die mich versorgen, auf die ich schutzlos, fast noch unbeweglich, nackt, frierend und immer

43

wieder hungrig angewiesen bin. Was aber für körperliche Bedürfnisse gilt, gilt in besonderem Maß für die seelische Entwicklung. Diesen Bedarf kann ich selbst nicht stillen. Um mich selbst wahrnehmen zu lernen bedarf es eines Menschen, der mich anschaut, sieht, der mich berührt, hält, nährt und zu mir spricht.

Das wäre nun so etwas wie der ebene, einigermaßen trockene und halbwegs windgeschützte Boden, den wir — im Bild gesprochen — für unser Zelt benötigen, um es aufstellen zu können. Die Suche danach — die Motivation dazu — ist uns angeboren als ein Angewiesen-Sein auf die Menschen, die uns diesen Boden bereiten können: Wir brauchen ihn, um überhaupt da sein zu können.

Was es hier zu spüren gilt ist zunächst einfach etwas Tragendes, Widerständiges, das mein Gewicht hält, mich so vor dem Fall schützt und mir Raum eröffnet. Das gilt es tatsächlich sinnlich wahrzunehmen, um eines Tages darauf zu vertrauen, dass mich der Boden trägt, auf den ich meine Füße stelle. Das Erleben von Halt, Schutz und Raum ist Voraussetzung um angstfrei sein und atmen zu können. Emotional werden für den Rest meines Lebens alle Bedingungen auch nach dem Maß gemessen, wie viel sie mir an Halt, Schutz und Raum gewährt oder beschränkt haben.

Dieser Boden in meinem Leben kann natürlich bedroht sein und wirft eine der grundlegenden existentiellen Fragen auf: Was in meinem Leben gibt mir Halt,

44

Schutz und eröffnet mir Raum? Wir kennen das Gefühl, wie es ist, ins Leere zu treten, sich im freien Fall zu befinden, ohne zu wissen, wie wir aufkommen werden: Unsere Arme schnellen nach außen, um irgendwo Halt zu finden und das Schlimmste zu verhindern.

Wo uns der Boden abhandenkommt, lauert die Angst.

Angst hat schon vom Wort her seine Wurzel in der erlebten Enge. Im Unterschied zur Furcht hat die Angst keinen Gegenstand, vor dem ich mich fürchte. Angst treibt mich von allen Seiten in die Enge und so lauert hinter der Furcht auch meist die Angst. In der Angst fühle ich mich bodenlos, schutzlos, ohnmächtig, sie raubt mir den Raum, die Luft zum Atmen.

Das Vertrauen, das mich eine Welt tragen könnte — der ich ja gleichermaßen ausgesetzt bin — kommt von den ersten Armen, die mich tragen und halten, mich schützen, wärmen und den Raum gewähren, ruhig zu atmen.

Darum hat schon die erste vertrauensgründende Erfahrung von Halt und Schutz bereits personalen Charakter. Der Soziologe Maurice Porot hat während des Beschusses von London durch deutsche V2-Raketen im Zweiten Weltkrieg eine Gruppe von Kindern begleitet und beobachtet, die aus der unmittelbaren Bedrohung in der Stadt auf das Land evakuiert wurden. Interessanterweise stellte er fest, dass die von ihren

Bezugspersonen getrennten Kinder, die auf dem Land in Sicherheit gebracht wurden, mehr Angst zeigten als diejenigen, die an der Hand ihrer Eltern in den Luftschutzkellern ausharren mussten (Porot, 1959).

Wer hat mir in meinem Leben Halt gegeben?

Bei hospitalisierten Kleinkindern (Revers, 1975, S.37), die von ihren Bezugspersonen getrennt wurden, kann Panikverhalten und untröstliches Angstgeschrei ausgelöst werden, wenn sich etwas an der gewohnten, festen Struktur der Umgebung oder des Tagesablaufes ändert. Kann die vertrauensgründende Nähe einer Bezugsperson gespürt werden, verliert auch eine sich verändernde Welt an Bedrohung. Diese Beobachtung hilft uns außerdem zu verstehen, warum uns feste Strukturen so wichtig werden, wenn wir zur Ängstlichkeit neigen. Vielleicht kennen wir einen Kollegen, dessen Bleistift auf den Quadratmillimeter genau an der gleichen Stelle auf dem Schreibtisch liegen muss und der seit zehn Jahren dieselbe Strecke in die Arbeit gefahren ist, wobei er aus dem gleichen Grund bei jedem Urlaubsantritt acht Stunden Stau in Kauf nimmt. Selbst die Pausen sind auf längeren Strecken genau berechnet. Irgendwo und in irgendeinem Bereich des Lebens, wenn auch nicht in gleichem Maß, betrifft dieses Bedürfnis nach Struktur jeden von uns. Es ist eine Suche nach Halt, nach Beständigkeit und verlässlicher

46

Ordnung in einer Welt, in der wir den Boden verlieren können. Wo wir keinen Boden fühlen, versuchen wir uns irgendwo festzuhalten.

Haltgebende Struktur und Routine ist gerade für Kinder wichtig. Es würde schon viel bedeuten, sich auf gemeinsame, regelmäßige Mahlzeiten verlassen zu können. Das Wort Familie ist aus dem lateinischen Wort „famis" (Hunger) entstanden: Eine Familie ist ein Ort, an dem gemeinsam der Hunger des Körpers und der Seele gestillt wird.

Ein Boden, auf dem ich stehen kann, eröffnet mir Raum. Wer hat mir in meinem Leben Raum gegeben, ohne dass ich darum kämpfen und Bedingungen erfüllen musste? — Oder habe ich das Gefühl, in dieser Welt eigentlich keinen Platz zu haben? Gab es einen geschützten, sicheren Ort, an den ich mich zurückziehen konnte? Gibt es das heute? Kann ich diesen Raum in mir finden? Gibt es Menschen, die mir diesen Raum geben? Geben mir die Bedingungen meines Lebens noch Raum, zu leben? Wofür brauche ich mehr Raum in meinem Leben?

Es geht hier um einen Grund, auf dem ich stehen kann, einen Raum, in dem ich einfach nur sein kann, ohne mich bedroht zu fühlen.

Eine einfache Übung kann uns innerlich auf die Spur helfen: Stellen wir uns — bei einer ungestörten Gelegenheit — mit geschlossenen Augen vor, wir sitzen wieder in dem Zimmer unserer Kindheit, wo die meisten Menschen sich regelmäßig aufhielten: etwa die Küche oder das Wohnzimmer. Zunächst sind wir allein. Dann hören wir Schritte, wohl bekannte Schritte und sehen, wie die Türklinke sich bewegt. Auf wen freue ich mich da jetzt? Wer darf, wer soll da jetzt hereinkommen? Wer weitet den Raum, anstatt ihn enger zu machen?

Der Boden des Zeltes ist die erfahrene Antwort auf die Frage: Ich bin — kann ich sein? Das wird uns möglich, wo wir die Fakten und Bedingungen unseres Lebens „wahr-nehmen", d.h. ihre „Wirk-lichkeit" (wie sie auf uns wirken) erkennen und annehmen. Zur Eröffnung meiner Möglichkeiten gilt es zu klären, auf welchem Grund ich stehe und wo ich Halt, Schutz und Raum in meinem Leben erfahre. Angst kann mir eröffnen, wo mir der Grund abhandenkommt. Wo wir nicht aushalten und annehmen können, was ist, wächst die Angst und wir haben nur die Möglichkeit, zu fliehen, dagegen Sturm zu laufen, zu zerstören oder innerlich in eine Lähmung zu verfallen und zu resignieren.
Wo uns dieser Grund aber zugänglich wird, ermöglicht er die Fähigkeit zu vertrauen, zu hoffen, sich selbst und anderen treu zu sein, Wahres zu erkennen und daran festzuhalten.

Um dieses Grundvertrauen geht es auch in der folgenden uralten Begebenheit. Es geht um einen Mann, der seinen Grund bis in die Verzweiflung hinein bezweifelte, um ihn endlich zu erfahren und sich darauf aufrichten zu können und der zu einem Vater einer ganzen Nation wurde.

Jakob: Vom Grund sich aufzurichten

Hier wird von einem Mann berichtet, der später zusammen mit Abraham und Isaak zu den „Vätern des Glaubens" gezählt wird. Aber dieses Leben hat ganz anders angefangen. Das später so Traditionsbegründende hat bodenlos angefangen.

Vorgeschichte: Isaak und Rebekka (1.Mo 25-27)

Die Eltern Jakobs waren Isaak und Rebekka. Isaak war selbst ein Einzelkind betagter Eltern, die alle Hoffnung in ihn gesetzt hatten. Abraham war ein alter Mann und auch Sarah war nicht mehr in dem Alter, in dem sie Kinder empfangen konnte. Trotzdem wurde ihnen dieser Isaak geschenkt — und er wurde zu einem regelrechten Muttersöhnchen.

Isaak war 40 als er heiratete (25,20) und 60 als seine Zwillinge Esau und Jakob zur Welt kamen. Die Ehe war 20 Jahre lang kinderlos. Isaak hat sich zwar keine andere Frau genommen wie sein Vater, aber langsam und von außen kaum merklich wird diese Beziehung ausgehöhlt. Nur das Nötigste wird noch mitgeteilt und das ist oft persönlich belanglos. Wir erfahren, dass Isaak seine Frau während der Schwangerschaft allein lässt. Sie ist mit ihren Sorgen allein und befragt allein den Herrn und erhält allein die Prophezeiung, dass der Ältere dem Jüngeren dienen wird (25, 23). Rebekka ist allein. Der Dialog in dieser Ehe ist irgendwo versiegt. Gottes Botschaft geht hier gegen die Tradition und Kultur. Gott spricht oft durch Frauen — vielleicht, weil er manchmal leichter zu ihnen durchdringt. Vielleicht, weil es der weiblichen Seite unserer Seele leichter fällt, etwas zu empfangen und sich beschenken zu lassen. Eigentlich ließe sich die gesamte Geschichte Gottes mit seinem Volk bis zu seiner Offenbarung in seinem Sohn Jesus Christus auf einen winzigen Punkt in der Weltgeschichte verdichten: ein jüdisches Mädchen namens Maria beim vertrauensvollen Gebet (Lewis, 1970, S. 84).

Es ist so gut wie unmöglich, jemandem zu vertrauen, der bedrohliche Züge trägt und mich jederzeit vernichten kann. Es ist schwer, etwas zu empfangen und anzunehmen, oder mich gar beschenken zu lassen, wenn ich mich ausgeliefert fühle — und wesentlich leichter, ja not-wendig, mich zu schützen, indem ich erleiste, erkaufe, zwanghaft magische Rituale erfülle, kontrolliere und vermeintlich beherrsche. Mit einer solchen Lebensquelle kann ich nur schwer in Dialog treten, mich öffnen und mich berühren lassen. Sie trägt mich eben nicht.

Isaak hört die Botschaft nicht. Ist er zu stolz, auf seine Frau zu hören? Das Ergebnis scheint jedenfalls, dass Isaak zunehmend auch unter geistlicher Blindheit leidet, und unsensibel wird für die Stimme Gottes. (27,1) Er beharrt auf dem traditionellen Weg und will den Ältesten segnen (27,1-4).

Das Gelingen einer Partnerschaft beruht auf Dialog: Dialog, der Verständnis eröffnet, beginnt mit der Kunst des Hörens auf das, was den anderen bewegt. So hören zu können ist die Voraussetzung für eine Beziehung, in der Vertrauen wächst. Erst wer so hört, kann im biblischen Sinn auch gehorsam sein. Obwohl der Begriff Gehorsam durch furchtbaren Missbrauch kaum mehr eine positive Assoziation zulässt, steht er im neutestamentlichen Sinn in einem ganz bestimmten Kontext, der es wert ist, in Erinnerung gerufen zu werden: Es ist der Kontext des verlorenen Sohnes (Lk 15, 11-32) und seines Vaters, es ist der Kontext von Jesus in Beziehung zu dem, dessen Herz er für uns spürbar gemacht hat. Es geht nicht um sklavisches, knechtisches Dienen, sondern um ein Anteil-nehmen am Herzen Gottes. Diese innige Anteilnahme führt dazu, dass jedes „nicht gehörte" Handeln weh tut, weil es weh tut, den zu verletzen, der uns so liebt. Jede Moral beginnt mit dem Geliebt-sein, denn ich kann einen Wert erst schützen wollen, wenn ich ihn spüre. Das ist der Kontext des Gehorsams, den das Neue Testament meint, den wir so schwer verstehen können, weil wir ihn vermutlich so wenig erlebt haben: Dass es einen Vater geben könnte, der alles für uns getan hat, der uns nicht verdammt oder verurteilt, sondern nachdem wir alles weggeworfen haben, nichts anderes zu tun hat, als die Arme auszubreiten und auf uns zu warten, weil er alles auf unser Herz gesetzt hat. Diese Arme bleiben auch noch am Kreuz ausgebreitet. Erst, wenn wir uns in diese Arme nehmen lassen, fangen wir an zu begreifen, wie wertvoll wir Ihm sind. Dann erst fängt es an weh zu tun, wenn ich Ihm weh tue. Diese innerste und freiwillige Umkehr kann keine Angst vor Strafe erreichen. Dann wollen wir auch hören, weil wir vertrauen und weil es guttut, jemandem zuzuhören, der mich lieb hat ohne Bedingungen zu stellen. Der Anfang menschenwürdigen Gehorsams ist es, geliebt zu sein.

Die Kluft zwischen den Eltern Jakobs ist schon im Mutterleib spürbar (25,22), wo sich die Kinder stoßen: Alle unsere Sinne sind bereits vor der Geburt ausgebildet. Ein Kind hört, sieht, riecht und schmeckt schon vor der Geburt. Die typischen Augenbewegungen, die wir beim Träumen machen, sind schon ab dem 8. Monat nachweisbar. Um zu träumen, müssen wir etwas erlebt haben, das wir im Traum verarbeiten. Ein Kind merkt schon vor der Geburt, ob es willkommen ist oder nicht. Hier sitzt oft ein tiefer Schmerz, den vielleicht manche von uns kennen.

Dass etwas nicht gestimmt hat, dass Spannung in der Luft lag, haben diese Kinder sicher empfunden. Die Kinder vertragen sich schon im Mutterleib nicht, sagt uns der Erzähler, sie stoßen sich. Dieser Konflikt der Eltern setzt sich fort: Ein Kind wird jeweils dem anderen vorgezogen, ja gegen den Partner ausgespielt. Isaak zieht Esau seiner Frau vor (25,28). Rebekka zieht Jakob ihrem Mann vor. Kinder werden zu Lückenbüßern für eine leere Ehe und werden missbräuchlich gegeneinander ausgespielt. Das fehlende gegenseitige Vertrauen gerät zu einem Machtkampf.

Esau erfüllt die unerfüllten Träume seines Vaters, Jakob wird zum Instrument seiner Mutter, ihre eigenen Ansprüche zu verwirklichen. (25,27).

Esau wächst ohne Mutter auf. - Und mit einem Vater, der seine Frau nicht achtet und der ihm auch das Geheimnis und den Respekt vor der Andersartigkeit, vor dem Wert und dem Wesen des Weiblichen nicht vermitteln kann. Der Vater ist hier unabdingbar: Für unsere Identität und vor allem für unsere geschlechtliche Identität hat der Vater eine Schlüsselrolle. Er ist derjenige, dessen Bestätigung es braucht, damit wir zu unserem Mann-Sein und unserem Frau-Sein finden. Hier scheint es als wären biologische Rollen vertauscht: Was im Mütterlichen in die Welt gerufen, grundgelegt und erahnbar ist, wird durch das Väterliche genährt, bestätigt und zur Welt gebracht. Für die Annahme unseres Wesens und die Bejahung unserer Identität, ist die Bestätigung des Vaters notwendig. Weder Tochter noch Sohn aber werden ihrem Vater abnehmen, was er seiner Frau gegenüber nicht lebt und in ihr sieht. Auf eine doppelte, widersprüchliche Botschaft lässt sich keine Identität gründen. Wir merken auch bei diesen Söhnen, was passieren kann: Wer nicht vertrauen kann, muss oft besitzen und Esau sucht sich Frauen außerhalb seines Stammes und seines Glaubens (26, 34-35) — zum großen Kummer seiner Eltern. Esau wird zu einem Macho, der Frauen als Objekt behandelt und wie Trophäen sammelt, ohne begegnen zu können.

Jakob wächst ohne Vater auf. Er fürchtet nur den Fluch, nicht seinen Vater (27,12). Dieses distanzierte, schweigsame, abwesende Vaterbild verzerrt auch sein Gottesbild (27,20). Gott wird zum mächtigen, aber dümmlichen alten Handelspartner, den man überlisten muss und kann. So erlebt Jakob auch seinen eigenen Vater. Unsere theologischen Überzeugungen haben emotionale Wurzeln (James, 1902, S. 431). Der größte Teil dessen, was wir glauben, wurde uns von Menschen vorgelebt und steht oft vor dem, wer Gott ist. Aber genau darum ist Gott auch Mensch geworden, damit das Gesprochene durch das Gelebte eröffnet wird. Es bleibt sein einziger Weg zu uns.

Über Jakobs Leben aber liegt die psychologische Last des Unbestätigten, der einem feindlichen Universum aus eigener Kraft seine Existenz abringen muss. Sein Gelübde in Bethel (28, 20-22) ist Ausdruck dieser misstrauischen Handelsbeziehung zu Gott.

Ein vermeintlicher Ersatz für nicht erfahrene Liebe ist immer erhöhter Machtanspruch, für den Rebekka ihren Sohn Jakob benutzt. Er soll Vater und Bruder das

54

Erbe und den Segen Gottes abtrotzen (27,5-29). Auch sie kann Gott nicht Vertrauen. Sie fühlt sich von Ihm wie von ihrem Mann in ihrer verletzlichsten Zeit der Schwangerschaft allein gelassen. Sie hört zwar, muss sich aber absichern.

Esau hasst Jakob und möchte ihn töten (27,41). Jakob muss sein Elternhaus in Todesangst verlassen.

Begegnen und Begreifen (1.Mo 32, 22-32)

„Mitten in der Nacht stand er auf, nahm seine beiden Frauen, seine beiden Mägde und seine elf Kinder, überschritt die Furt des Jabbok und brachte die Menschen und das Vieh hinüber, er selbst aber blieb allein zurück. Da rang ein Mann mit ihm, bis die Morgenröte heraufzog. Als er sah, dass er ihn nicht niederzwang, schlug er Jakob an die Hüfte, so dass sich die Hüfte ausrenkte, während er mit ihm rang. Und der Mann sprach: „Lass mich los! Die Morgenröte zieht herauf!" Jakob aber antwortete: „Ich lasse dich nicht, es sei denn du segnest mich!" Da fragte er ihn: „Wie ist dein Name?", und er antwortete: „Jakob!" „Dein Name", fuhr jener fort, „soll nicht mehr ‚Jakob' sein, sondern ‚Israel', ‚Gottesstreiter', denn du hast mit Gott und mit Menschen gekämpft und bist Sieger geblieben!" Und Jakob bat: „Sage mir doch deinen Namen!" Er aber antwortete: „Warum fragst du mich nach meinem Namen?" Und er segnete ihn an jenem Ort. Und Jakob nannte die Stelle „Pniel", denn er sagt: „Ich habe ‚das

Angesicht Gottes' gesehen und bin dennoch am Leben!" Als er an Pniel vorüberging, ging ihm die Sonne auf, und er hinkte an seiner Hüfte." (Übertragung von Jörg Zink)

Viele sehen in dieser Begebenheit einen heldenhaften Kampf: Jakob, gelähmt und erschöpft überwindet den Göttlichen Widerstand. Es gelingt ihm, Gott abzugewinnen, was er will.

Ein Modell standhaften Gebets: Wer von uns möchte nicht im Gebet mit Gott ringen wie Jakob und die Oberhand gewinnen?

Was ist damals an der Furt des Jabbok wirklich passiert? Warum wurde gekämpft? Gott ist doch allmächtig und der Mensch schwach! Warum musste Gott Jakob zum Krüppel machen? Kämpft eine Maus mit einem Elefanten?

1. Jakob ist nicht der Angreifer: "Da rang einer mit ihm." Beim Ringen hat man keine Wahl. Man muss kämpfen, ob man sich nun losreißen oder dem Gegner eine Lektion erteilen will. Jakob hat also den Kampf nicht gesucht, er musste kämpfen. "Einer" versuchte ihn niederzuringen.

2. Das Erstaunlichste: Gott stellt sich dem Kampf. Er hat sich so klein gemacht wie Jakob. Er weigert sich, Seinen Vorteil auszunützen. Endlich tut Er es, als Jakob keine Anstalten macht, nachzugeben.

Was heißt das? Jakob hat sein ganzes Leben lang gegen Gott gekämpft. Der Ringkampf ist ein Symbol, eine Verdichtung dieses lebenslangen Kampfes. Bis zu dieser Krise war sein Leben eine einzige Anstrengung, einem Gott, dem er nicht vertrauen konnte, etwas abzuringen. Aber es war ein Kampf gegen einen Gott, der bereits beschlossen hatte, ihm zu helfen und ihn zu segnen.

Dieser Kampf beginnt bereits mit der schweren Schwangerschaft Rebekkas (1.Mo 25. 22-23): „Zwei Völker sind in deinem Schoß" — und setzt sich in der Geburt (25,26) fort: Erst Esau, dann Jakob, der dessen Ferse hält — als ob schon im Mutterleib ein Kampf zur Bekräftigung der Prophetie stattgefunden hätte.

Alles sprach für Esau: Er war robuster, Vaters Liebling; als erster Sohn hatte er Anspruch auf den väterlichen Segen.

Jakob und seine Mutter Rebekka wussten das und hatten zu wenig Vertrauen in Gottes Versprechen. Sie leiteten daraus nur Jakobs Vorrecht ab und spielten mit Aberglauben und Intrigen Esaus Schwächen gegen ihn aus.

Auf diese Weise kämpfte Jakob sein halbes Leben um Dinge, die Gott ihm bereits versprochen hatte. Das Tragische dabei ist, dass ihm während seines Kampfes der Frieden und das Vertrauen zu Gott fehlten, die er sonst hätte genießen können. Gott wollte ihm mit der Erbschaft auch den Frieden geben, den nur seine Kinder kennen. Stattdessen lebte Jakob 21 Jahre lang in Angst.

Der Handelspakt

Jakob muss von zu Hause fliehen unter dem Vorwand, eine Frau zu suchen. Es kommt zur ersten Begegnung mit Gott (1.Mo 28,14): Der Traum von einer Himmelsleiter, in dem Gott Sein Versprechen erneuert.

Jakobs Schwur in Bethel ist Ausdruck einer misstrauischen Handelsbeziehung mit Gott: Wenn Gott mich wohlbehalten wieder heim bringt, dann soll er auch mein Gott sein. Es war gut, dass Gott so viel für ihn tun wollte, aber zu sehr durfte er sich nicht darauf verlassen.

Vielleicht fühlen wir uns Jakob jetzt überlegen: "Ja, wenn Gott so mit mir gesprochen hätte…"

Bei genauerer Betrachtung wissen wir viel mehr von Gottes Wegen als Jakob. Durch das Neue Testament könnten wir das Gesicht dessen sehen, der da verspricht. Viele von uns haben eine Gebetserhörung erlebt. Trotzdem reagieren wir wie Jakob. Besonders, wenn längere Zeit nichts geschehen ist, schleicht sich so leicht Zweifel ein.

Ja, "Gott hilft dem, der sich selbst hilft", aber alles hängt von dem Motiv ab: Arbeite ich, weil Gott mich dazu befähigt und mich trägt, oder um das abzusichern, was ich erreichen möchte?

Das eine entspringt dem Vertrauen, das andere dem Misstrauen und der Angst.

Jakob glaubte nicht und machte auch keinen Hehl daraus: Wenn wir Gott um etwas bitten, sollten wir so ehrlich mit uns sein wie Jakob und uns über unsere Motive klar werden.

Wenig Raum zum Leben

In seinem Onkel Laban fand Jakob einen ebenbürtigen Gegner: Laban jubelt ihm in der Hochzeitsnacht die ältere Schwester seiner Braut unter. Jakob lernt seine Lektion und wartet weitere sieben Jahre, in denen er seine eigenen Herden und Reichtümer sammelt, nur um seinen Schwiegervater hereinzulegen.

Das war kein schönes Leben: Die Ungeliebte gebar ihm Kinder, während er sich nach der Geliebten sehnte. Er arbeitete wie ein Sklave (1.Mo 30,30-43), hatte kaum Frieden und zuletzt wieder Angst um sein Leben.

Ausdruck unseres Verhältnisses zu Gott ist nicht äußere Sicherheit und materieller Reichtum, sondern Vertrauen zu Ihm und innerer Friede. Man kann völlig abgesichert sein und trotzdem keinen Frieden haben.

Gott spricht zu Laban und gebietet ihm, mit Jakob nur freundlich zu reden (1.Mo 31,24): Hätte Jakob das nur gewusst, und hätte er darauf vertrauen können, wäre er ruhig gewesen. Doch statt sich geborgen zu fühlen, verfolgt ihn die Angst um seinen Besitz und um sein Leben.

Endlich schleicht er sich heimlich davon, aber nur, um vor einer noch größeren Bedrohung zu stehen: Esau wartet auf ihn mit 400 Mann (1.Mo 34,1).

Aber Jakob verfällt nicht in Panik und tut das, was Ethnologen bei Wölfen beobachtet haben: Wenn ein junger Wolf einen Rudelführer angreift und den Kampf verliert, bietet er dem Sieger seine verwundbarste Stelle an, den Hals. Dieser Akt scheint den Sieger zu besänftigen — er wendet sich meist ab und überlässt den Besiegten seinen Wunden.

Jakob bietet seine verwundbarste Stelle an, indem er Frauen, Kinder, seinen ganzen Besitz vorausschickt und seinem Bruder überlässt: Alles, worum er sein Leben lang gekämpft hat.

Nachdem sie den Jabbok überquert hatten, bleibt er ganz allein in der Nacht zurück und wartet voller Angst auf den Morgen. — Der Tiefpunkt seines Lebens.

In dieser Situation stellt sich ihm Gott.

Jakob wollte Gott nichts abringen. Wenn wir den Erfolg unseres Gebetes von unseren Bemühungen abhängig machen, werden wir höchstwahrscheinlich enttäuscht. — Es kommt natürlich darauf an, wie wir uns bemühen. Aber wer glaubt, durch die eigene Anstrengung von Gott etwas erkämpfen zu können, entmutigt sich selbst und entehrt Gott. Wieder kommt es auf das Motiv an: Vertraust du Gott, oder meinst du es besser zu wissen und ihn durch eigene Anstrengung überzeugen zu müssen nur um letztes Endes sagen zu können: Es war ja doch mein Verdienst. Den Unterschied gilt es zu verstehen.

Hast du eigentlich Angst vor ihm oder vertraust du ihm? — Das ist die Grundfrage.

Im Grunde geht eine Mauer durch jede Seele und teilt auch die Christenheit und die Kirchengeschichte. Auf der einen Seite kann man sich oft nicht vorstellen, dass es die andere Seite gibt, weil uns die Erfahrung fehlt. Das geht so weit, dass die eigene Sehnsucht zynisch bekämpft und zu einer Bedrohung wird.

Auf der einen Seite dieser Mauer leben wir, um geliebt zu werden. Hier bleibt unser Grundantrieb die Angst. Es besteht immer die Gefahr, dass das was wir tun nicht genug ist. Die ständige Sorge, dass wir irgendeine kleine Bedingung, ein Gesetz nicht eingehalten haben.

Wer Angst hat, wird exklusiv: Der muss nicht nur für sich alle vermeintlichen Bedingungen erfüllen. Wer immer sie nicht einhält, kann auch kein Christ und wirklich liebens-wert sein. Dieser fundamentalistische, gesetzliche Zug ist immer wieder spürbar, in jeder menschlichen Gemeinschaft. Der Grund dafür liegt in einer Erfahrung, mit der wir vermutlich geboren sind: Dort, wo ich Angst habe, zu wenig zu sein und Gefahr laufe, zu wenig Liebe zu erhalten, dort bleibt mir nur die Leistung. Dort muss ich etwas tun, damit ich geliebt werde.

Die andere Seite erahnen wir erst, wo wir keine Bedingungen mehr erfüllen müssen, um geliebt zu sein. Wir könnten leben und lieben, weil wir geliebt sind.

Wir müssten nichts mehr dazu tun, weil es bereits so ist. Das Wesentliche ist getan. Wir bräuchten es nicht mehr zu erringen und zu erkämpfen. Wir sind es wert, weil es uns geschenkt wurde.

Wer das in seinem Wesen spürt und versteht, findet ein Tor in dieser Mauer, das wir immer wieder durchschreiten können. Es ist ein Prozess, der in die Freiheit der Kinder Gottes führt, ein Tor, das wir einander eröffnen könnten. Wir werden immer wieder auf der Suche sein, zweifeln, wanken, im alten Muster agieren. Aber wer das einmal angefangen hat, zu verstehen, beginnt Halt zu spüren, braucht andere nicht mehr abzuwerten oder zu verurteilen und kann sich öffnen. Wer nicht mehr aus Angst verurteilen muss, kann umso klarer urteilen, sich abgrenzen, Nein sagen: Aber nicht mehr, um auszugrenzen, sondern um das Tor für andere sichtbar und erfahrbar zu machen, das uns allen offensteht und zum Leben führt, das uns versprochen ist.

Die Sehnsucht danach ist keine Selbst-Täuschung: Eine alte existentielle Weisheit besagt, dass der beste Beweis für die Existenz von Wasser der Durst ist. Wir ahnen zutiefst, was uns eigentlich gerecht wird.

Sieg durch Niederlage

Welches Motiv steckt hinter unserem Gebet? Und wie endet dieser Kampf? Jakob hatte keine Wahl, er musste sich verteidigen. Trotzdem erringt er einen Sieg (1.Mo

32,28).

Was ist das für ein Sieg? Gott will Jakob von einer Wahrheit überzeugen, die Jakob nicht sehen kann; Gott kämpft mit ihm, aber Er will ihm nicht schaden. Seine Absicht ist barmherzig: Wie ein Arzt, der einen Patienten im Delirium davon abhält, aus dem Fenster zu springen. Der Arzt ist zwar der Angreifer, aber seine Absicht ist lebensrettend, bewahrend und liebevoll.

Und dann der hilflose Schmerz einer ausgerenkten Hüfte. Jakob kann sich nur noch anhängen. Schließlich bittet Gott ihn, loszulassen. Gott lässt sich besiegen. — Da dämmert es in Jakob, und zum ersten Mal lenkt er seinen ganzen Mut und seine Ausdauer in die richtige Richtung: „...nicht, bevor Du mich gesegnet hast." Es beginnt Jakob endlich aufzugehen, wer da mit ihm kämpft und eine unglaubliche, tonnenschwere Last verflüchtigt sich: Das Einzige, was noch wichtig ist, ist das dieser liebevolle Gegner „Ja" zu ihm sagt. Segnen heißt „gut heißen": „bene dicere". Segnen heißt, „es ist gut, dass du da bist". Segnen heißt: Ich will, dass es dich gibt, weil es gut ist, dass du da bist.

Wir alle sind mit diesem Segen geboren noch bevor ein Mensch ihn uns vermitteln konnte. Das Schöpfungswort „Fiat" heißt „Werde" — „Du sollst sein" — „Ich will, dass du bist", weil es gut ist, dass du bist. Das hatte Jakob zu wenig erfahren, es wurde Ihm zu wenig gesagt: Zu wenig, um es glauben zu können. Bis zu diesem Zeitpunkt blieb er unbestätigt — bis es ihm am Ende seiner Kraft nach einem halben Leben endlich einleuchtet.

Das ist alles, worauf Gott vierzig Jahre im Leben dieses Mannes gewartet hat. Jakob sollte auf Seinen Charakter, auf Seine Zuwendung und Liebe vertrauen können. Gott hatte sich ihm gestellt, um ihn endlich überzeugen zu können. Man kann es fast spüren: Dieses unfassbare Herz, das sich unendlich danach sehnt, Sich seinem Kinde auszuschütten und mit Seiner Liebe zu beschenken.

Wer Gott braucht, der braucht auch seinen Nächsten. Vielleicht musste Jakob erst diese schmerzliche Erfahrung machen, um das begreifen zu können. Jeder von uns hat solche Stellen, an denen uns etwas zu fehlen scheint, an denen wir hinken. Stellen, die wir als unliebsam, als nicht lebenswert empfinden. Alles, worauf Gott wartet, ist das wir uns anhängen, um endlich zu erfahren: Genau dort, wo du es am wenigsten meinst zu verdienen, wo du es am meisten brauchst — genau dort will ich dich tragen und will, dass du es erfährst: „Ich habe dich zuerst geliebt". Da kannst du es am tiefsten spüren. Dazu brauchst du dich nur halten zu lassen, dich öffnen, sehen, ohne zu flüchten, es aushalten — und dich berühren lassen.

Gott lähmt Jakob, um ihm das begreiflich zu machen — wie einen Patienten, der erst einmal beruhigt werden muss, bevor er sich helfen lassen kann. Erst

64

dann begreift Jakob seine Chance — er begreift, mit wem er kämpft: Jakob ist wehrlos, entkräftet, voller Schmerzen, ausgeliefert, bittet aber um Segen, nicht um Schonung seines Lebens. Derjenige, an dem er sich da festhält, ist die Liebe selbst, die Allmacht, die um seinetwillen, um ihn zu beschenken, auf alle Macht verzichtet hat.

Jakob siegt, indem er verliert, indem er einsieht, dass er braucht. Er soll fortan Israel heißen: Der mit Gott gekämpft und gesiegt hat. Gott wollte verlieren, um ihn zu gewinnen. Wie gnädig ist dieser Hüftschlag eigentlich. Aber immer noch könnten wir denken: es war ja doch Gott, der ihn, Jakob, zur Umkehr zwang.

Wir wissen aus dem Neuen Testament so viel mehr von dem unfassbaren Herzen Gottes als Jakob. Es ist, als ob der Barmherzige seinem eigenen Plan zuvorkommt und sich Jakob persönlich stellt, damit Jakob Ihn anfassen, mit Ihm kämpfen, Ihn besiegen kann, um endlich zu begreifen, wer Er ist. Er hat sich auch uns gestellt. Leibhaftig, historisch, aber diesmal ganz ohne jede Macht. Er ist zum Verwundbarsten geworden, das es in der menschlichen Existenz gibt: Zum ungeborenen Kind. Vor den Augen der Welt hat Er verloren, wurde verhöhnt, bespuckt, gemartert und hat diese Ohnmacht durchgehalten bis zum qualvollen Tod am Kreuz. Dort wurde nur Er, der Barmherzige, geschlagen, hat sich der dunkelsten, verzweifelten, gottverlassenen Einsamkeit im Tod ergeben und hat uns damit

65

das Einzige außer unserem freien Willen abgenommen, das wir Ihm noch entgegenhalten könnten: Alles, was wir dieser Liebe schuldig geblieben sind und bleiben. Diese bedingungslose Liebe ist Sein Geist, Sein Herz. Das ist das Herzblut, das wir bei jedem Abendmahl in uns aufnehmen dürfen als lebendiges Zeichen unserer Kindschaft.

Und dann: Brauchen wir wirklich diesen Hüftschlag? Wenn wir nur bereit wären, hinzuschauen, könnten wir sehen, wo wir humpeln, wo die Abgründe liegen, aus denen wir nicht mehr allein herausfinden. Welche Gnade, Ihn endlich brauchen zu dürfen. Wie beschenkt könnten wir sein, und Er würde in unserer Schwachheit spürbar und mächtig werden.

Das hat nichts zu tun mit einem Hervorkehren der eigenen Schwäche, die Gott und den Anderen eigentlich nicht braucht, sondern ge-braucht und missbraucht, um den Schein der eigenen Selbstherrlichkeit zu wahren. Diese falsche Demut, die das eigene Unvermögen und die eigene Unzulänglichkeit zu Markte trägt und damit hausieren geht, um die eigene Verantwortung auf andere abzuwälzen und letztlich anderen die Schuld geben zu können. Das Ganze wird dann oft noch subtil christlich verbrämt: „Sieh’ nur, wie arm ich bin, wie wenig ich von mir halte. Sieh’ nur, wie ich jeden anderen höher achte als mich… Ich bin doch eigentlich ziemlich gut, oder?“

66

In der Familie hat bekanntlich der (oder die) am meisten Macht, der (oder die) die größten Opfer bringt und es alle wissen lässt. Jemand, der bei dem geringsten Einwand oder der leisesten Unmutsäußerung alle Anzeichen eines Nervenzusammenbruchs so markiert, dass er (oder sie) es fast selbst glaubt. Solche Schwäche ist nur verkappter Stolz, der eigentlich zu nichts weniger stehen will als zur eigenen Bedürftigkeit. — Ja, der diese Bedürftigkeit vor sich selbst verbirgt, weil sie Angst macht. Das ist eine subtile Form der Macht, die ich nicht meine. Wer Zuwendung so erreichen und Macht so dafür einsetzen muss, hat eigentlich noch nicht begriffen, dass er (oder sie) brauchen darf, bedürftig sein darf. Das ist oft auch die große Not des Helfers, der allen nur helfen will, weil er sich und seinen Wert nur über den anderen — über das Gebraucht-Werden — erfährt, aber eigentlich nicht sehen kann und will, was er selbst braucht. Denn das verachtet und hasst er im Grunde. Was einem fehlt wurde ja immer verachtet und macht einen nicht liebenswert.

Jakob versteckt sich nicht hinter seiner Schwäche. Er kämpft um sein Leben. Im Angesicht seines Gegners begreift er, dass es hier um alles geht, dass er hier sich selbst und seinen Gegner nicht mehr überlisten kann. Solche schonungslose Offenheit ist präzise die Voraussetzung, die gekaufte Gunst von echter, gewährter, persönlich erwiesener, gerecht-machender und

67

geschenkter Gnade unterscheidet, und ihr einziges Mittel ist Ehrlichkeit, unbedingter Wille zur Wahrheit.

Aber in dem Angesicht dessen, mit dem er da gekämpft hat — in den Zügen, die er das erste Mal wirklich sieht, nachdem er aufgegeben und sich nur noch anhängen kann — in diesen Zügen leuchtet das Angesicht Gottes über ihm: „Es ist gut, dass du da bist". Das ist der Blick, der alles was ist — und jeden Einzelnen von uns — aus dem Nichts herausgeliebt hat in das Sein. Das ist der Blick, mit dem wir uns segnen lassen dürfen. Der Blick, der Jakob das erste Mal den Mut schenkt, sich selbst als Königskind und gleichzeitig in seiner ganzen zerlumpten Abgründigkeit zu sehen — also dort, wo er diesen liebenden Blick noch nicht erwidern kann. Der Blick, der einem den Mut schenkt, zu brauchen, ohne auch nur einen Moment am eigenen Wert zu zweifeln. Der Blick, der einen ganz trägt.

Wer Gott so braucht, wird mit der Kindschaft des Höchsten geadelt, weiß um seinen Wert und darum auch um den Wert seines Nächsten. In diesem Licht wird kindliches Grundvertrauen wieder möglich. Wir öffnen uns vertrauensvoll, um zu werden, was wir sein können — um zu werden, was wir sind: Kinder des Königs aller Könige. Gott zu brauchen, heißt empfänglich zu werden für Seinen Geist, für Sein Liebe, Seine Gegenwart.

Der Mann war verschwunden. Jakob humpelte aus der Schlucht den ersten Sonnenstrahlen entgegen. Er

hatte einen Grund gefunden, der ihn trägt. Die Dinge
würden nie mehr dieselben sein nach dieser Nacht.

Innenraum

Ist der Boden ausgebreitet und befestigt, geht es im nächsten Schritt um die Stützen, mit deren Hilfe das Zelt das erste Mal aufgerichtet wird und ein Raum entsteht, den ich betreten kann. In unserem Lebenszelt, in dem wir uns nun einigermaßen aufrichten können, gibt es jetzt ein Innen und Außen. Die Welt ist nach wie vor da draußen, aber hier drinnen entsteht ein eigener Raum, in dem nachklingt, was ich da draußen erlebt habe. In diesem Raum nehme ich eine ganz eigene Beziehung auf: die Beziehung zu mir. Ich kann mich fragen, was mich beeindruckt hat, wie etwas für mich ist und wo es mich hinzieht.

Ist der Innenraum ohne Angst betretbar, holt mich die Frage ein, was ich mag. Mag ich schon etwas entdecken, wenn ich mit dem Aufstellen fertig bin — oder erst noch essen und mich ausruhen? Das geht nicht, ohne mit mir Kontakt aufzunehmen, mich zu fragen, mich zu spüren und mir zuzuhören. Kann ich das?

Was mag ich leben? Was zieht mich an? Was brauche ich dazu, um mir diese Frage zu beantworten?

Wie können wir uns dem Leben so zuwenden, dass es anfängt, uns anzusprechen, in uns eine Resonanz zu erzeugen, die uns bewegt und die wir so ernst nehmen, dass sie unsere Entscheidungen wesentlich mitbestimmt? Können wir das nicht, laufen wir Gefahr, in

unserem eigenen Leben nicht vorzukommen. Wahrnehmen und ernst nehmen zu können, was ich mag,
wo es mich hinzieht, macht die Zeit auf dieser Welt erst
zu meinem Leben.

Was diese Resonanz in uns ermöglicht, und sie in
uns wahrnehmen lässt, ist unsere Fähigkeit zu fühlen.
Um zu mögen, muss ich zuerst wahrnehmen, was ich
fühle. Fühlen ist bereits eine Antwort auf das, was
mich da anspricht.

Um zu fühlen und wahrzunehmen, was und wie
mich etwas anspricht, sind gewisse Voraussetzungen
nötig:

Es ist wichtig mich einem Menschen oder einer Sache zuzuwenden, um mich ansprechen zu lassen. Für
diese Zuwendung wiederum ist eine gewisse Nähe
hilfreich, um Beziehung aufzunehmen. Beziehung
aber braucht Zeit, um wahrzunehmen, welche Resonanz in mir ausgelöst wird und wohin sie mich bewegt. Mich ansprechen zu lassen heißt auch, verweilen
zu können. Ich habe viel eher das Gefühl, dass mir jemand zuhört, wenn er oder sie sich mir zuwendet,
Blickkontakt aufnimmt, mich anschaut und mir die
Zeit gibt, mich auszusprechen, ja mich sogar zu fragen.

Zuwendung, Nähe, Zeit und Beziehung erlauben es
mir, nicht nur von außen angesprochen zu werden,
sondern auch nach innen meine unmittelbare Antwort
in meinem Fühlen wahrzunehmen und mich zu fragen, wie etwas für mich ist. Ohne diese Frage, ohne

meinen Innenraum, ohne Beziehung zu mir, passiert mir die Welt, passiert — im eigentlichen Sinne des Wortes — mein Leben: Es zieht vorüber ohne dass ich es beeinflussen oder gar gestalten kann.

Auch die Beziehung zu mir will eröffnet werden, um diesen Innenraum vertrauensvoll betreten und sich zuhören zu können. Es gibt Kinder mit einer zunächst namenlosen Angst vor einem schemenhaften Monster da drin, das einen immer wieder im Zorn mit sich reißt und andere verletzt. Kinder, die der inneren Stimme kaum Vertrauen schenken und ihr zuhören können und die dieses Monster um jeden Preis vor anderen geheim halten müssen, um nicht vollends allein gelassen zu werden.

Ich war und bin so ein Kind. Heute verstehe ich, dass nicht ich dieses Monster bin, sondern dass es mich eigentlich in Schutz nehmen wollte; dass es ihm immer schon darum ging, diesen Innenraum zu bewahren, der bedroht war und der mir zu wenig eröffnet wurde. Ich habe begonnen, mich mit diesem vermeintlichen Ungeheuer auch meiner Träume anzufreunden, und es wird zunehmend zu einem wohlmeinenden Wachhund, der anschlägt und sich meldet, sobald mein Innenraum in Gefahr ist.

Verbundenheit mit dem Leben, Freude, Liebe sind Antworten auf das Leben, die in diesem Innenraum erklingen und hörbar werden. Aber nicht nur hörbar, sie wärmen, ja bewegen mich — wie ein warmer Wind, der mir in die Seelensegel fährt. Er-leben, das in mir anklingt und wahrgenommen wird, wird zur Er-fahrung die ich er-innern kann.

Andererseits kann es kalt werden und alles in mir sich zum Schutz verschließen und anspannen, wenn Leben mich nicht erreicht oder gar bedroht ist.

Was mich jedoch im Innersten erreicht und widerhallt, mich wärmt, lockt und anzieht hat vor allem eine Qualität: Ich spüre, dass es um etwas Gutes geht, um Lebens-wertes und ich kann die Erfahrung machen, wie gut es ist, da zu sein. Ja möglicherweise ist es sogar gut, dass es mich gibt, sonst würde es sich nicht so anfühlen. Ich ahne etwas von meinem eigenen Wert. So fühlt sich Wertvolles an. Wertvolles ist der Grund, warum ich da sein mag.

In einer Depression kommt uns das Gefühl für diese Qualität des Lebens abhanden. Wertvolles bleibt mir nicht zugänglich, wo ich meinen eigenen Wert nicht spüre.

Dieser Grundwert, dass es gut ist, dass es mich gibt, könnte mir schon spürbar werden, wenn ich bewusst atme: Wenn ich nicht gerade laufe, atme ich etwa alle drei Sekunden einmal ein. Wo wir das 5 Minuten nicht tun, werden wir ohnmächtig. Keiner von uns wurde je gefragt, ob wir atmen wollen oder nicht — wir tun es einfach. Es ist völlig unwillkürlich, vom ersten Atemzug an. Andererseits ist es nicht möglich sich durch

Nicht-Atmen das Leben zu nehmen. Sobald ich ohnmächtig werde, holt mein Körper von selbst Luft.

Es gibt mich — wer oder was gibt mich denn? Ich bin nie gefragt worden, ob ich atmen will. Trotzdem nehme ich alle drei Sekunden etwas auf, das mich am Leben hält. Es ist wie ein Dialog mit dem Leben, der mit einem „Ja" zu mir beginnt, jedes Mal wenn ich einatme.

Auf dieser Grunderfahrung beruhen Meditationsübungen und die reichen Traditionen mystischer Erkenntnis. Das Herzensgebet in der orthodoxen Tradition etwa ist ein Atemzug. Mit dem Einatmen nehme ich dieses „Ja zu mir" auf mit den Worten „Herr Jesus Christus" und mit dem Ausatmen lasse ich los, was mich ablenkt und belastet, mit den Worten „erbarme dich mein". Es geht um dieses „Ja", dass ich alle drei Sekunden in mich aufnehmen darf, angestimmt von dem, der mich geschaffen und hineingerufen hat in dieses Dasein. Es ist die Stimme, die mich willkommen heißt und sagt: „Du bist meine geliebte Tochter, mein geliebter Sohn". Das könnte ich beim Atmen spüren und hören. Wo ich das bewusst übe, ist es eine sinnliche Verankerung meines Grundwertes. Wer einmal die Erfahrung macht, dass er dafür nichts tun muss, dass es uns geschenkt wird, wie die Luft, die wir atmen, der erahnt etwas von seiner Einzigartigkeit: So wie du einen Vogel singen hörst, genau so hat es noch niemand gehört. Den Sonnenstrahl auf der Haut hat genauso noch niemand gespürt - es ist wie eine einzigartige Berührung. Hier ist keine Person ersetzbar. Jeden von uns hat Gott einzigartig in diese Welt hineingerufen, damit wir hier einen Unterschied machen und etwas widerhallt — und sei es scheinbar noch so unauffällig. Das zu spüren, heißt jeden Tag etwas von seinem Geburtstag zu feiern.

Mögen beginnt dort, wo ich mich selbst mögen kann, wo es gut ist, dass ich da bin. Ich kann beginnen, meinen Innenraum aufzurichten und zu entdecken. Mein Königreich wird erfahrbar, mit allen Sinnen.

Mögen bedeutet auch mir die Zeit zu nehmen, mich mir — meinem Innenraum — zuzuwenden, in ihn einzutreten.

Wie fühlt es sich an, wenn etwas gut ist? Welche Stelle unseres Körpers meldet sich da? Welche Temperatur hat es da in mir? Habe ich Raum zu atmen? Muss ich weiter oder mag ich bleiben?

Habe ich mir das einmal bewusst gemacht, kann ich darauf achten, wo ich es in meinem Alltag erlebe. Immer wenn es warm, weit und ruhig wird in mir, stoße ich auf Spuren, die ich sammeln kann, die mich in Berührung bringen mit dem Leben und mir nach und nach eine Spur in Richtung Leben aufzeigen.

Was mag ich an meinem Beruf? Was zieht mich da an?

Wofür mag ich mir Zeit nehmen? Wieviel Zeit nehme ich mir dafür in meinem Alltag?

Habe ich Zeit für mein Leben?

Es ist manchmal erstaunlich, mir zu notieren, wofür ich eigentlich Zeit brauche.

Wieviel von dem, was ich mag, wo es mich hinzieht, kommt da eigentlich vor?

Ist das noch mein Leben? Fülle ich meine Zeit oder vergeht sie ohne dass ich vorkomme?

In seiner „Anekdote zur Senkung der Arbeitsmoral" greift Heinrich Böll eine Parabel des Philosophen Baruch de Spinoza auf (Böll, 2008):

Ein Tourist weckt in einem Hafen an der Küste Westeuropas einen in seinem Boot schlafenden, ärmlich gekleideten Fischer, als er Fotos von ihm macht. Es folgt eine Unterhaltung in guter sokratischer Tradition, in der der Fischer geduldig auf die Fragen des Touristen antwortet, bis der Tourist seine eigene Position hinterfragen kann. Der Urlauber ist sehr zuvorkommend, befragt ihn zu seinen heutigen Fängen und erfährt, dass er trotz der hervorragenden Bedingungen nicht noch einmal ausfahren möchte, da er mit seiner Ausbeute bereits zufrieden ist.

Der Tourist begreift nicht, wieso der Fischer die Häufigkeit seiner Fahrten nicht erhöhen möchte, um finanziell aufzusteigen und langfristig ein erfolgreiches Fischfangunternehmen aufzubauen. Am Höhepunkt seiner Karriere angekommen, könne er sich dann zur Ruhe setzen und im Hafen dösen. Der Fischer erwidert, dass er das auch jetzt schon könne und weitere Anstrengungen nicht notwendig seien. Dem Touristen wird bewusst, dass man auch trotz geringen Verdienstes glücklich sein kann, und er wird sogar etwas neidisch auf die Zufriedenheit des Fischers.

Mehr Geld bedeutet nicht selbstverständlich mehr Wert im Leben. Geld ist ein Instrument, das mir Vieles ermöglicht. Das Kostbarste im Leben gibt es jedoch nur umsonst.

Es war nicht Geld, das Michelangelo bewegt hat, eine Figur aus Stein zu hauen, auch wenn er davon lebte.

Was ist es denn, was mir wertvoll ist, damit ich mir wieder Zeit dafür nehme … damit es wieder meine Zeit wird?

Wenn ich diesen Wert in meiner Arbeit nicht sehe, mit der ich zwei Drittel meiner Lebenszeit verbringe, wäre es gut, danach zu suchen. Die Gefahr ist, sonst an meinem Leben vorbeizuleben.

Das Leben lässt in dieser Welt Wertvolles aufleuchten, Werte, denen ich mich zuwenden kann, die mich anziehen, mit denen ich in Beziehung treten mag. Diese Werte klingen in mir weiter und es lohnt sich, mich dafür auf den Weg zu machen und etwas zu erfahren. Um all das wahrzunehmen, brauche ich diesen Innenraum und diesen Gefühlswind, in den ich mein Seelensegel stellen darf. Damit kommt Qualität in mein Leben. Jemanden oder etwas zu mögen heißt diesen Wind zu spüren, der mich hinträgt und ist wie eine

Verbindung zum Leben, die wärmt und lebendig macht. Dadurch kommt eine Saite in uns zum Klingen, die Gott selbst anrührt — und wie in Antwort wird ganz leise unsere eigene Stimme als Akkord hörbar.

Was berührt und wärmt mich in meinem Leben? Nehme ich mir die Zeit, mich dem zuzuwenden, mich anzunähern?

Bei unserem Lebenszelt können wir uns auch diesen Innenraum nicht selbst eröffnen. Auf dem Boden, der uns bereitet wurde, wo wir also im Getragen-Sein Halt und Schutz erfahren und den Raum vorfinden, wo wir unser Zelt errichten können, kann sich dieser Innenraum erst in dem Maße entfalten, in dem er angefragt wurde. Die Fähigkeit, die eigene innere Stimme zu hören wächst in dem Maße, in dem ich danach gefragt werde. Wo jemand das Interesse zeigt, sich die Zeit nimmt, sich mir zuzuwenden, mir in die Augen zu schauen und wissen will, wie etwas für mich ist, entsteht in mir der Wunsch und die Neugier, darauf zu antworten. Da könnte es um etwas Besonderes gehen, sonst wäre es nicht so interessant. Wenn behutsam genug nachgefragt wird, lerne ich sogar, wie ich die Antwort in mir entdecke und beginne, mich selbst danach zu fragen. Mein Innenraum wird mir erschlossen. Ich fange an, Beziehung zu mir aufzunehmen und mit mir in der gleichen Geduld und Behutsamkeit umzugehen, die ich erfahren habe. An dem Interesse, das mir entgegengebracht wird, kann ich nach und nach erfahren,

dass es hier um etwas Einzigartiges geht, um etwas so
Wertvolles, dass es ohne mich und meine Antwort für
immer verloren geht und dieser Verlust unersetzlich
wäre. So verstehe ich auch Martin Buber, wenn er sagt,
dass ein Ich erst dort wirklich auftaucht, wo ein Du danach fragt: „Das Ich kann nur am Du werden" (Buber,
1923). Aber nicht nur mein Ich wird am Du entdeckt.
Dieses Du eröffnet mir damit auch den Innenraum des
Selbst, den nur ich dann in der Ahnung meiner Unver-
tretbarkeit betreten und ausleuchten kann und mag. Es
ist ein Ausdruck von Liebe, dass jemand dieses Einzigartige in mir sucht und danach fragt. Das ist die Erfahrung, die unseren Innenraum trägt und stützt.

Diese Grunderfahrung: diese Stimme, die vor jeder
eigenen Leistung, vor jedem eigenen Verdienst unmissverständlich über andere Menschen zu uns durchdringen könnte, hat Jesus bei seiner Taufe am Jordan
klar und eindeutig noch einmal gehört: „Du bist mein
geliebter Sohn" (Mt. 3,17; Mk 1,11; Lk 3,22). Diese Erfahrung stand am Anfang seines Weges. Auf diese
Stimme konnte er mit seinem Leben antworten. Sie hat
selbst in der verzweifelten Einsamkeit und Gottverlas-
senheit am Kreuz in ihm nachgeklungen. Es ist dieselbe Stimme Gottes, die Maria durch einen Engel
hörte; Maria, eine Tochter Gottes, eine Gehilfin der
Schöpfung, der ER sich selbst anvertraut hat, um in
Seinem Sohn zur Welt zu kommen. Das ist ein unaus-
lotbares und unendlich erhebendes Geheimnis

personalen Dialogs, denn in diesem Punkt hat sich Gott selbst von uns abhängig gemacht.

Wo diese Stimme zu uns durchdringt, segnet sie uns — heißt uns gut und unbezahlbar wertvoll, heißt uns willkommen. Es ist die Stimme, die unser Innerstes so in Schwingung bringt, dass die eigene innere Stimme in Antwort hörbar wird.

Interessanterweise ist das Ohr das erste funktionierende Organ, das beim Menschen ausgebildet wird — es ist schon fertig noch bevor Herz und Gehirn ihre Aktivität aufnehmen. Um in diesem Leben willkommen geheißen zu werden, ist es wichtig, was wir hören. Es geht um eine Stimme, die mich ein-stimmt in mein Dasein, eine Stimme, die mir vermittelt, froh zu sein, dass ich da bin. Freude aber ist die innere Antwort auf etwas Gutes. Diese Freude kann auch über andere Sinne vermittelt und hervorgerufen werden, aber es ist immer wie eine unverwechselbare, personale Stimme, die mich erreicht und in mir etwas anstimmt.

Wer über die Stimme Beziehung aufnimmt und Nähe erfährt, lernt auf natürliche Weise zu sprechen. Sprache lernen wir vor allem über das Gehör. Wo wir nicht nur hören, sondern auch gehört werden, fühlen wir uns zugehörig. Je nachdem, wie gut wir gehört wurden, machen wir als Kinder die Erfahrung wie einzigartig auch unsere eigene Stimme ist. Hier möchte ich an das geschichtliche Experiment des Stauffer-Fürsten Friedrich II. (1220-1250) im damaligen Sizilien erinnern, der 100 Findelkinder in die Obhut von Ammen gab und "herausfinden wollte, welche Sprache und Redeweise die Kinder hätten, wenn sie heranwüchsen, ohne mit jemanden sprechen zu können. Und deshalb befahl er den Dienerinnen und Ammen, den kleinen Kindern (zwar) Milch zu geben, sie zu stillen, zu baden und zu reinigen, sie aber auf keinen Fall zu liebkosen noch mit ihnen zu sprechen. Er wollte herausfinden, ob sie die Hebräische Sprache hätten, die die erste gewesen war, oder die griechische, lateinische oder wenigstens die Sprache ihrer Eltern, von denen sie abstammten. Aber er bemühte sich vergeblich, weil die Kinder und Säuglinge alle starben. Denn sie hätten ohne Ansporn, Gebärdenspiel, ohne ein freundliches Gesicht und ohne die Liebkosungen ihrer Dienerinnen und Ammen nicht leben können" (Frater Salimbene, 1963, S. 350).

Für den tragischen Ausgang dieses Experiments gibt es sicherlich mehrere — unter anderem auch medizinische — Ursachen. Als Menschen brauchen wir über alle Ursachen hinaus jedoch vor allem einen Grund zum Leben: Wo dieser Lebenswille nicht geweckt wurde, können schon harmlose Krankheits-Erreger tödlich wirken. Es geht also existentiell um das An-gesprochensein, um antworten, um werden zu wollen. Wir müssen hören, dass wir gemeint sind und sprechen nicht umsonst von der „Muttersprache": Jenes Einstimmen in die Grundmelodie unseres Seins, das uns zum Zuhause-sein in dieser Welt einlädt. Wo diese gehörte Beheimatung fehlt oder bedroht ist, kann die Welt un-heimlich und das Fremde zur Bedrohung werden.

In vielen Mythologien gilt die Erde als Mutter allen Lebens, weil aus ihr und von ihr alles Leben wächst, das wir beobachten können. Das ist wohl der Grund, warum das lateinische „Mater" den Wortstamm unseres Wortes „Materie" bildet. Kann es sein, dass wir umso mehr nach „Materiellem" greifen und uns daran klammern, je weniger wir durch eine mütterliche Stimme in die „Grundmelodie unseres Seins" eingestimmt wurden und dadurch zu wenig spüren und begreifen, dass in aller Materie immer auch die Mütterlichkeit von ihrem Urheber und Schöpfer mitschwingt und durchklingt? Erst dann würden wir etwas von unserer Be-stimmung ahnen, die über sie hinausweist und uns wahren, schützen, genießen, verantwortlich verwalten und teilen lässt, was uns geschenkt wurde. Das würde auch verhindern das aus der mythischen Intuition einer Urmutter eine Hindu-Göttin Kali wird, die ihre Kinder nur gebiert, um sie später zu verschlingen.

In dem, was wir mögen, spüren wir einen guten Grund, da zu sein. Der tragfähigste Grund dafür ist, den eigenen Wert zu spüren. Wert-Fühligkeit beginnt beim eigenen Wert. Werte zu fühlen und wahrzunehmen ist nicht selbstverständlich: Ich kann durch eine

Blumenwiese gehen, ohne eine Blume zu sehen. Die Blumen sind aber trotzdem da, auch wenn ich im Moment blind dafür bin. Wo ich meinen Wert spüre, kann mich Wertvolles um mich herum ansprechen und sichtbar werden.

An meinem Heimatort gibt es eine uralte, tausendjährige Linde. Der Stamm, der schon mehrfach Blitzen standgehalten hat, wird nur noch durch Eisenspangen zusammengehalten. Aber dieser teilweise schon ausgehöhlte Stamm transportiert jedes Jahr noch genug Leben, um die weit ausladenden Äste erblühen zu lassen und im Sommer Schatten zu spenden.

Ich könnte nun vor diesem Baum stehen und feststellen: „Diese zwei Festmeter Holz bringen mich durch den nächsten Winter." Das ist ein Nutzwert, ein Wert, den ich dem Baum gebe.

Oder ich kann mir an einem schönen Frühlingstag, an dem gerade die ersten Knospen aufgehen, die Zeit nehmen, mich von diesem Baum ansprechen zu lassen. Ich kann die Vögel im Geäst hören und den Wind spüren, der seit tausend Jahren die neu gewachsenen Blätter bewegt. Ich kann mich ansprechen lassen von dieser knorrigen Rinde, in die Liebende sich eingeritzt haben und von diesen weit ausladenden Ästen, unter denen sich viele Generationen von Vorfahren zu Ratsversammlungen und Festen versammelt haben. Ich nehme das Wunder wahr, das jedes Jahr neues Leben erblühen lässt. Das sind Dinge, die ich dem Baum nicht geben kann, der Baum gibt sie und zeigt sie mir. Ich beginne damit, etwas zu sehen, das weit über das Brennholz hinausgeht. So könnten wir uns ansprechen lassen, um wieder leben zu mögen. Das ist der Eigenwert dieses Baumes.

Wenn das für einen Baum gilt, wieviel mehr gilt es dann nicht für ein Kinderlächeln, durch das uns ein unvergleichlicher Wert anstrahlt? Wer das sehen kann und zurücklacht, der eröffnet diesem Kind etwas von seinem Eigenwert. Wer seinen Eigenwert nicht kennt, dem bleibt nur der Nutzwert.

In dieser unbarmherzigen Überzeugung sind viele Kinder bis ins Alter gefangen, denen ihr Eigenwert zu wenig spürbar gemacht wurde: dass irgendetwas an ihnen noch nicht stimmt, noch nicht gut genug ist. Nur diese verzweifelte Überzeugung kann einen Jugendlichen dazu führen, sich auf Grund eines staatlich bescheinigten „Nicht Genügend" im Zeugnis das Leben zu nehmen.

Uns wird im Neuen Testament eine wesentliche Absicht genannt, warum Gott sich uns in seinem Sohn gezeigt hat und wir seine Stimme hören durften: Freude (Joh 15,11). Es erinnert an die ersten identitätsbildenden Kommunikationszyklen mit dem Säugling, die das Zellwachstum im präfrontalen Cortex stimulieren und im Kind ein euphorisches Glücksgefühl auslösen.

Diese Stimme, die mich da erreicht, stimmt etwas in mir an und führt zu einer Grundstimmung dem Leben gegenüber. Diese Grundstimmung beeinflusst, ob diese Welt mich empfängt, sich mir öffnet, mir zur Heimat wird, oder im Grunde un-heimlich bleibt, belastend, überfordernd, ja feindlich.

Dazu noch eine gute Nachricht aus der Hirnforschung: Wo dieser Dialog gelingt, wo diese Stimme zu mir durchdringt, beginnen Zellen in meinem Gehirn zu wachsen - egal wie alt ich bin. Es ist tatsächlich so: Wohlmeinende, interessierte Zuwendung, die das Einzigartige sieht und sucht, bewirkt beim Menschen Zellwachstum in den Hirnarealen, wo unser Selbst abgebildet und abgerufen wird.

Diese Grundstimmung kommt also immer auch von den Stimmen, die von Anfang an nach uns gefragt haben.

Bileam: Die sprechende Eselin oder vom Spüren, was wir fühlen (4. Mo, 22, 21-35)

Hier geht es um einen Mann, dem ein besonderer Zugang zu seinem Inneren über seine Sinne eröffnet wurde. Es geht nicht um physikalische Messbarkeit und Nachweisbarkeit der Boten Gottes, sondern um die Einsicht eines Mannes. Die Vorgeschichte wird uns am Beginn des Kapitels erzählt.

„Am Morgen stand Bileam auf, sattelte seinen Esel und ging mit den Hofleuten aus Moab. Aber Gott wurde zornig, weil Bileam mitging, und der Engel des

Herrn trat Bileam in feindlicher Absicht (Luther: „um ihm zu widerstehen") in den Weg, als Bileam, begleitet von zwei jungen Männern, auf seinem Esel hin ritt. Der Esel sah den Engel des Herrn auf dem Weg stehen, mit dem gezückten Schwert in der Hand, und er verließ den Weg und wich ins Feld aus. Da schlug ihn Bileam, um ihn auf den Weg zurückzubringen. Daraufhin stellte sich der Engel des Herrn auf den engen Weg zwischen den Weinbergen, der zu beiden Seiten Mauern hatte. Als der Esel den Engel des Herrn sah, drückte er sich an der Mauer entlang und drückte dabei das Bein Bileams gegen die Mauer. Da schlug ihn Bileam wieder. Der Engel des Herrn ging weiter und stellte sich an eine besonders enge Stelle, wo es weder rechts noch links eine Möglichkeit gab auszuweichen. Als der Esel den Engel des Herrn sah, ging er unter Bileam in die Knie. Bileam wurde wütend und schlug den Esel mit dem Stock. Da öffnete der Herr dem Esel den Mund, und der Esel sagte zu Bileam: Was habe ich dir getan, dass du mich jetzt schon zum dritten Mal schlägst? Bileam erwiderte dem Esel: Weil du mich zum Narren hältst. Hätte ich ein Schwert dabei, dann hätte ich dich schon umgebracht. Der Esel antwortete Bileam: Bin ich nicht dein Esel, auf dem du seit eh und je bis heute geritten bist? War es etwa je meine Gewohnheit, mich so gegen dich zu benehmen? Da musste Bileam zugeben: Nein. Nun öffnete der Herr dem Bileam die Augen, und er sah den Engel des

Herrn auf dem Weg stehen, mit dem gezückten Schwert in der Hand. Da verneigte sich Bileam und warf sich auf sein Gesicht nieder. Der Engel des Herrn sagte zu ihm: Warum hast du deinen Esel dreimal geschlagen? Ich bin dir feindlich in den Weg getreten (Luther: „um dir zu widerstehen"), weil mir der Weg, den du gehst, zu abschüssig ist (Luther: „verkehrt in meinen Augen.").“(Einheitsübersetzung)

Ich weiß nicht welchen Frequenzbereich die Stimme der Eselin umfasste und ich habe mich nicht mit den Möglichkeiten asininer Wortbildung befasst, aber feststeht, dass Bileam seine Eselin so gut versteht, dass er über ihr Sprechen keine Zweifel hegt.

Hat das etwas mit unserer Realität zu tun? Gibt es etwas, das wir vielleicht schon so gut verstehen könnten, dass es gar keine Worte gebrauchen muss, weil es eigentlich ständig mit uns kommuniziert?

Franz von Assisi hat uns hier bereits einen Hinweis gegeben: Jeder von uns hat so eine Eselin. Wir leben darin, durch sie fühlen und spüren wir. Diese Eselin gibt uns ständig Signale. Sie ist nicht zu trennen von uns. Trotzdem übersehen wir sie manchmal völlig und hören nicht auf ihre Botschaft. Welchen Teil von uns könnte diese Eselin also repräsentieren? Wer ist diese Schwester Eselin?

„Wer nicht spüren kann muss fühlen" ist eine psychosomatische Binsenweisheit. Der Körper lügt nicht. Gerade, wenn er schon in die Knie gesunken ist: er lügt nicht — er hatte schon mehrfach versucht es uns zu sagen. Aber oft verstehen wir ihn erst dann, wenn er nicht mehr weiterkann, gequält und erschöpft.

Meine innerste Stimme, mein Sinn für das Gute, Schöne und Richtige, kann verschüttet sein, ich kann taub dafür sein, aber mein Körper wird sich melden, wenn ich an meinem Leben vorbei lebe.

Hier geht es zunächst darum, die Einheit von Körper, Seele und Geist ernst zu nehmen. Der Leib als vom Leben durchdrungener, atmender und fühlender — also beseelter — Körper ist keineswegs das, was uns nur begrenzt, beschwert und fesselt und unser eigentliches Leben einschränkt — etwa im Gegensatz zu einem zeitlosen Bewusstsein, das uns laut Silicon Valley in der „Cloud" winkt. In jeder arbeitenden Zelle unseres Körpers steckt alle Weisheit des Lebens und verbindet uns mit deren Quelle. Es gilt also mit der alten gnostischen Vorstellung einer Hierarchie von Körper, Seele und Geist insofern aufzuräumen, als es sich hier nicht um einander über- oder untergeordnete Ebenen handelt, sondern um einander bedingende und durchdringende Weisen derselben menschlichen Ganzheit. Es ist nicht etwas wirklicher oder realer nur weil es zwischen Finger und Daumen passt. Liebe ist ein ebenso wirkliches menschliches Phänomen, auch wenn es nur bedingt und nur in seinen Auswirkungen einer physikalischen und chemischen Messbarkeit verfügbar ist.

„Da ich es wollte verschweigen, verschmachteten meine Gebeine" (Psalm 32,3) ist ein allgemein menschliches, psychosomatisches Phänomen, dessen Ursache sich eben nicht lediglich auf die Knochenstruktur reduzieren und dadurch erklären lässt. Diese Reduktion würde in diesem Falle sogar das eigentlich Menschliche, den eigentlichen Grund außer Acht lassen: Es ist das Verschweigen, dass körperlich im Verschmachten spürbar wird — das Verschmachten könnte mit dem Verschweigen beendet werden.

Missverständnis

Der Leib ist aus biblischer Sicht also mehr als jenes zu überwindende „Fleisch", als der er noch immer durch die Kirchengeschichte geistert.[1] Die Bibel beginnt mit der Erschaffung des Leibes und endet mit dessen Auferstehung. Geist ohne Leib ist wie Wasserpulver. Gott selbst hat sich verleiblicht, auch um uns zu zeigen, wer wir sind. Paulus spricht vom Körper als einem „Tempel des Heiligen Geistes" (1.Kor. 6,19). Leben ist ebenso wenig geistlos wie körperlos. Woher kommt die Vorstellung, dass etwas umso substanzloser sein muss, je geistiger es wird? Das wäre wie die Schlussfolgerung, dass es umso mehr Wald sein muss, je weniger Bäume es gibt.[2] In jeder Keimzelle unseres Körpers steckt mehr Information als alle darüber geschriebenen Bücher fassen können.[3] Sogar Platos Intuition vom Höhlengleichnis, das unsere Wahrnehmung der

Wirklichkeit mit den Schatten auf einer Höhlenwand vergleicht, die die Sonne hinter einer viel substanzielleren Wirklichkeit durch den Höhleneingang an die Wand projiziert, deutet in eine andere Richtung (Ferber, 1989, S. 118-148).

An dieser Stelle lohnt es sich, im Blick auf die abendländische Geistes- und Kirchengeschichte etwas auszuholen, um einige Auswirkungen dieses Missverständnisses nachzuvollziehen. Der Kirchenvater Tertullian (Barnes, 1971) etwa ließ Eva in den Apfel beißen, um alles Weibliche und Leibliche dem Gefallenen und ursprünglich Sündhaften, ja Dämonischen, der Schöpfung zurechnen zu können: dem Bereich der Schöpfung also, den es zu überwinden und hinter sich zu lassen galt, um der Erlösung teilhaftig zu werden. Dumm nur, dass Christus durch eine Mutter geboren wurde, die dann nachträglich und umständlich von der Erbsünde befreit werden musste. Irgendwie scheint in den Augen Tertullians also diesem Weiblichen, Leib-gebundenen etwas anzuhaften, das in Versuchung führt und von Grund auf schlecht sein muss - das „Leibhaftige" wurde geradezu zum Kennzeichen des Teuflischen. Zu dem Weiblichen gehört nun mal — und Gott sei Dank — auch ein bisschen das Leibliche. Hier stoßen wir auf eine weitere, unabdingbar miteinander verwobene Dreiheit: Wer einen Teil davon nicht verstehen will, hat auch kaum inneren Zugang zu den anderen beiden Teilen. Es geht um Weiblichkeit, Leiblichkeit und Gnade.

Zu der stolzen, überlegenen, erfolgsgewöhnten, unbeugsamen und unbedingt unabhängigen männlichen Seite von uns gehört die Schwierigkeit, sich etwas schenken zu lassen. Wir wollen in Niemandes Schuld stehen. Wir wollen es selbst schaffen — etwas zu brauchen macht uns schwach und fehlerhaft. Im Grunde hat es mit einer Angst zu tun: es macht Angst, etwas nicht kontrollieren zu können und angewiesen zu sein. Es erinnert an unsere Begrenztheit, unser Ausgeliefert-Sein. So etwas wie „weibliche" Intuition, die mit einem Blick erfasst und erkennt, was ich erst nachträglich durch das Zusammentragen von Fakten und durch Ableiten aus logischen Prinzipien immer noch bruchstückhaft aber eindeutig als richtig nachvollziehen kann — das kann bei aller bemühten Anerkennung schon auch ein wenig Angst machen. Dieses Be-„gna-dete", Geschenkte, das alles Schöpferische kennzeichnet,[4] erinnert uns an eine Dimension unseres Seins, die uns nur in einer Haltung zugänglich wird: In der Haltung des Empfangens (Stern, 1968, S. 12 ff.). Hier ist etwas nicht machbar, nicht leist-bar, nicht käuflich oder kontrollierbar und deshalb ein wenig unheimlich. Hier können wir nicht mehr tun als die Hände aufzuhalten. Unser Leib mit seinen Bedürfnissen erinnert uns daran— das beginnt beim Atmen. Eine Form mit Angst umzugehen, ist das Bedrohliche auf Abstand zu halten. Ich kann es nur so weit an mich heranlassen, als ich es zu beherrschen meine — oder ich kann es als unantastbar in den Himmel projizieren und es mir so vom Leib halten. Je mehr ich es mir aber vom Leib halten möchte, desto bedrohlicher und dämonischer wird es aus asketisch-selbsterlösender Sicht, wenn es sich dort ungefragt einschleicht und sich mir in einer Weise aufdrängt — etwa in Form sexueller Bedürfnisse —, denen ich dann kaum mehr etwas entgegensetzen kann, weil ich mich ja mit jeder Faser danach sehne. Der Leib muss nach dieser Auffassung also irgendwie auch teuflisch sein, sonst würde er mich nicht so angenehm quälend in Versuchung führen. Er ist zumindest mit daran schuld, dass ich „das Gute, das ich ersehne, nicht tue" (Röm. 7,19).

Damit wurde der Frau in weiten Teilen unserer — nicht nur abendländischen — Geschichte eine beherrschbare und brauchbare Rolle zugewiesen. In der ängstlichen Grundhaltung, die dazu führte, sind verordnetes Zölibat, körperliche Geißelung und Hexenverbrennung jedoch allemal verwandt.

Diese ängstliche, narzisstische, perfektionistische Grundhaltung rührt natürlich aus dem nicht beherrschbaren Geheimnis unseres Lebens, das wir nur empfangen können (niemand weiß darum und verkörpert dieses Geheimnis mehr als eine Frau) und darum jederzeit bereit sein sollten, wieder loszulassen. Wir haben zwar die Möglichkeit, uns diesem Geheimnis zu verweigern, aber wir sind ihm auf Gedeih und Verderb ausgeliefert, solange wir leben. Da ich nicht Ich sagen kann, ohne ein Du zu meinen, hat auch dieses Geheimnis einen Adressaten mit einem — bewusst oder unbewusst — erlebten Antlitz.

Es geht um die Furcht vor diesem Antlitz, auf dessen Gnade wir angewiesen sind. Diese Gnade aber tritt uns nirgends unmissverständlicher entgegen als in der Spürbarkeit unseres Körpers und unserer unleugbar weiblichen Geburt. Die Deutung aber, ob wir in dieses Leben hineingeworfen und allein gelassen, oder ob wir uns geschenkt wurden und getragen bleiben, hängt von den Zügen des Antlitzes ab, dem wir unser Leben verdanken. Genau diese Züge jedoch, — die Augen also, mit denen Gott uns anschaut — wurden uns im Laufe des Lebens vermittelt. Wir lesen sie von den Gesichtern, hören sie aus den Stimmen, und fühlen sie durch Hände, die uns berührt haben, ob sie uns nun zugewandt waren oder nicht. Urvertrauen in das Sein wird hier grundgelegt, das Vertrauen in Hände, die mich auch im Tod noch tragen — oder eben nicht.

Es könnten auch übermächtig kritische Augen sein, denen wir nicht gut genug sind, die unablässig nach Fehlern suchen, denen wir am besten nicht auffallen und denen wir auf keinen Fall etwas schuldig bleiben wollen, weil sie uns sonst unbarmherzig bestrafen oder gar vernichten würden. Um solcher drohenden Bestrafung zu entgehen, gilt es dann immer Auflagen und Bedingungen zu erfüllen, die umso unbarmherziger von anderen eingefordert werden, je mehr Angst ich habe, sie selbst nicht erfüllen zu können: Das ist die emotionale Enge, aus der jeder Fundamentalismus, jede Gesetzlichkeit entsteht.

Im Sinne des dialogischen Prinzips, das unsere Existenz trägt und durchzieht, kommt dem väterlichen Gegenüber hier eine Schlüsselrolle im Leben einer Tochter zu: Was ich in mir annehmen kann, hat immer damit zu tun, was ein Anderer, ein Du in mir sieht, weckt und bestätigt. Ein Vater — als erstes Du des anderen Geschlechts —, der die weiblichen und mütterlichen Anteile seiner Seele bejaht und aus ihnen schöpft, der angesichts dieses Geheimnisses seines Lebens keine Angst hat, sondern es achtet und schützt, weil er sich beschenkt weiß und etwas von Gnade versteht, der dadurch auch Frieden geschlossen hat mit seinem Körper und ihn versteht — der kann es auch in seiner Tochter sehen, herausrufen, gutheißen, bestätigen und ihr helfen, sich diesen wesentlichen Teil ihrer Identität zu eigen zu machen. Diese tiefe Achtung, diesen sich davor verneigenden Respekt sollte jede Tochter in den Augen ihres Vaters sehen, um zu wissen wer sie ist: Tochter Gottes, Gehilfin der Schöpfung, der das Geheimnis des Lebens leiblich anvertraut wurde, in einer für den Mann kaum auszulotenden Tiefe.

Die Dämonisierung, die Verbannung und Verbrennung des un-heimlich Weiblichen geht in der

Geschichte immer einher mit falsch verstandener Askese, Geißelung und Abtötung des Körpers in dem
Versuch, ihn zu überwinden. Auswirkungen dieser
Haltung sind heute aber auch in der Art und Weise zu
beobachten, wie mancher Burnout-Kandidat Freizeitsport an der Leistungsgrenze betreibt — oder aber dieser Körper wird ängstlich und abgöttisch verehrt, indem verzweifelt versucht wird, ihn jung und brauchbar zu erhalten. Alter und Verfall erinnert zu schmerzlich an unsere Begrenztheit und Abhängigkeit. In jedem Fall steckt dahinter die Angst vor dem, der mich
mir gegeben hat.

Verständnis

In seinen Erinnerungen an Tolstoi erzählt Maxim
Gorki (Gorki, 1921), wie eines Tages bei einer Männerrunde — darunter Tschechow — über Frauen gesprochen wurde. Lange hörte Tolstoi schweigend zu, um
plötzlich zu bemerken: „Und ich will die Wahrheit
über die Frauen sagen, wenn ich mit einem Fuß im
Grabe stehe — ich werde sie sagen, in meinen Sarg
springen, den Deckel zuziehen und sagen: 'tut jetzt,
was ihr wollt!'" Ich denke das war die Art des Schöpfers von Natascha und Maria, von Anna und Kitty, seinen Respekt vor einem Geheimnis auszudrücken, auf
das er letztlich nur hinweisen, aber über das er nie verfügen kann.

Ich kenne kaum einen schöneren Hinweis darauf als Michelangelos Schöpfungsbild in der Sixtinischen Kapelle. Hier geht es um das, was ein Vater in seiner Frau, in seiner Tochter anerkennen und bejahen könnte: Da ist die ausgestreckte Hand des Lebens, die kaum die Fingerspitzen des gerade erwachten Mannes berührt. Was dem ersten Eindruck oft entgeht, ist wer da schon voller Leben unter dem linken Arm des Schöpfers dargestellt ist. Fast als stütze sich der Arm auf sie, der dem Herzen am nächsten ist: Tochter, Gehilfin, Sinnbild seiner Weisheit. Ein Geheimnis, das dem Mann erst vermittelt werden muss. Jedenfalls ist es ein Versuch Michelangelos darzustellen, was das Weibliche für ihn bedeutet, über das Goethe später sagen wird, „Das Ewig-Weibliche zieht uns hinan" (Faust, II. Teil).

Es ist als wollte Michelangelo zu allen Töchtern Evas sagen: „Sieh' her, das ist dein Ort, dein Platz — in der Nähe des Herzens, das dich geschaffen hat. Ganz nah. Da gehörst du hin. Das kann dir niemand nehmen. Du weißt etwas von diesem Herzen, das der da erst lernen muss, das nur du ihm zeigen kannst. Du weißt etwas vom Geheimnis des Lebens, das in dir wachsen kann, das in dir körperlich Gestalt annimmt — und das nur du vermitteln kannst. Du bist Gehilfin meiner Schöpfung. Du bist meine Tochter."

Noch einmal: Aus dieser Sicht ließe sich die ganze Sache des Menschen mit Gott auf einen geschichtlichen Punkt verdichten: Ein jüdisches Mädchen beim Gebet.

Eine Frau, die sich vertrauensvoll dem Herzen öffnet, das sie in dieses Dasein gerufen und mit der Bewahrung des Lebens betraut hat.

Es ist diese Sicht, dieser Respekt, der in den Augen eines Vaters aufleuchten sollte, wenn er seine Tochter ansieht, mit ihr spricht und sie ernst nimmt, — damit sie erfahren und annehmen kann, wer sie ist.

Dieses Geheimnis ist untrennbar verbunden mit der Bedeutung des Körpers, in dem wir uns vorfinden. Gott selbst hat den Weg der Geburt gewählt, um uns sinnlich „begreifbar" zu machen, wie er zu uns steht und uns ansieht.

Das also — und viel mehr — steckt hinter unserer „Schwester Eselin". Die Eselin wird des Engels gewahr. Sie sieht den Engel noch bevor Bileam ihn sieht. Augen und Ohren sind dafür noch nicht geöffnet. Und es wird immer enger für unseren guten Bileam: Zunächst drückt ihn die Eselin gegen den Rand des Weinbergs. Er schimpft und schlägt und treibt sie an, bis sie unter ihm zusammenbricht. Jetzt wird er wütend, aggressiv — und das hat seinen Grund. Das ist oft der Anfang des Spürens: Irgendetwas stimmt nicht, „irgendwie bin ich unrund". Irgendetwas wird mir da gemeldet. So wie bei Jona (Jona 4,1-11), so wie bei uns, ist diese Wut oft der erste spürbare Hinweis darauf, dass es hier um mehr geht — wenn wir nur innehalten und auf sie hören könnten. Meist geht sie mit uns durch und bleibt sprachlos. Dreimal schlägt der Mann auf seine Eselin ein, bevor sie zusammenbricht. Dreimal derselbe Versuch mit demselben uns allen bekannten, frustrierenden Ergebnis. Erst dann steigt Bileam ab und beginnt zu hören und zu sehen, was ihm vorher nicht zugänglich war: Er beginnt wieder wahrzunehmen und zu verstehen.

Was Bileam schon versucht hat — ebenso ergebnislos — war ein Handel mit Gott aus Misstrauen: Er gebraucht das Ritual der sieben Altäre als Bann, Gott gefügig zu machen. Wie oft fallen wir zurück auf ritualisierte Gesetzlichkeit und vermeintliche Normen, wenn wir Gott wie einen alten, rachsüchtigen Patriarchen aus Misstrauen und Angst ruhig zu stellen versuchen und unsere innere Stimme nicht mehr hören können. Bis sie sich — oft schmerzhaft — durch die Schwester Eselin Gehör verschafft. Gottes Antwort darauf ist eindeutig: „Liebe will ich, nicht Brandopfer" (Hosea 6,6): Er will, dass wir hören, und zwar auf das, was nur „im stillen, sanften Sausen" (I Kö. 19,12) — also in der Stille hörbar wird. Wir sind so gemacht, dass die Verweigerung der Schwester Eselin und ihre Schmerzensschreie oft der letzte Hinweis darauf sind. Der Leib versteht es oft vor uns, unmittelbarer, lebensnäher: Wäre da nicht die Erschöpfungsdepression eins Burnouts würde mancher und manche von uns irgendwann einfach tot umfallen, ohne auch nur zu ahnen, warum.

Es ist so wichtig von Kindheit an seinen Körper wahrzunehmen und verstehen zu lernen. Wir sind im

Vergleich mit dem naturbelassenen Tierreich nur in geringem Maße instinktgesteuert. Der Instinkt sagt uns nicht einmal mehr, wann wir auf Dauer zu viel essen. Da wäre es gut, die Zeichen unseres Körpers deuten und „spüren" zu lernen.

Hier geht es nicht mehr um Israel und Moab, sondern plötzlich, nachdem unserem Freund Bileam die Augen aufgehen und er den Engel sieht, plötzlich, als ihm klar wird, wer da mit ihm spricht, plötzlich geht es um die Frage: Wer bin ich eigentlich? Was soll ich hier? Was ist denn für mein Leben gut, richtig und wahr? Wer oder was sagt mir das? Worauf kann ich da trauen? Wie klingt meine innerste Stimme? Wo ist dieser Schlüssel zu meinem Königreich?

Wir tragen ihn mit uns und in uns. So sind wir gemacht. Unsere Aufgabe wäre nur, darauf hören zu lernen wie Bileam, dem der nächste Schritt klar wird.

Befestigung

Mit der Frage, ob etwas für uns stimmen kann, wenn es für andere nicht so ist, nähern wir uns bereits dem dritten Aspekt unseres Zeltbaus. Wir sind vom Boden des Könnens aus Raum, Schutz und Halt über die Errichtung des Innenraums durch Werterfahrung und Mögen jetzt bei dem dritten Schritt der Errichtung unseres Lebenszeltes: der Verankerung und Befestigung.

Früher gab es häufig noch ein eigenes Außenzelt, das über das Gestänge gebreitet wurde, an dem das Innenzelt befestigt war. Heute ist es meist ein und derselbe Stoff, der innen von außen trennt. Die Außenhaut muss festgespannt und gut verankert sein, damit sie dem Wind standhält und der Regen an ihr abläuft. Es ist bei unserem Lebenszelt die Frage nach dem Recht, so zu sein wie ich bin, gerade auch wenn mich das von anderen unterscheidet: Ich bin ich — darf ich so sein, wie ich bin? Mit meinen Fähigkeiten vielleicht — aber auch mit dem, was mir im Vergleich zu anderen fehlt?

Geburtsrecht und Selbstwert

Um hier meine Position zu finden, um mich mit mir zu identifizieren, um meinen Gefühlen zu trauen, meiner Urteilsfähigkeit, meinem Selbstwert, der es mir ermöglicht, anderen aufrecht und ohne Scheu in die Augen zu schauen zu können und auch anders sein und denken zu dürfen, braucht es eine Berechtigung: In unserem Bild das feste Vertrauen in ein Geburtsrecht, auf meinem „Campingplatz" auch stehen zu dürfen. Ohne diese Berechtigung wird die Verankerung im Boden nicht greifen und nicht halten: Ich werde vielmehr immer wieder versuchen, mir von anderen die Erlaubnis zu holen und es wird mir schwerfallen, Nein zu sagen. Zu wenig dieses Rechts macht es schwer, einem Gruppendruck standzuhalten oder vermeintliche Autoritäten zu hinterfragen und kann schlimmstenfalls unbegreiflichen Phänomenen wie dem fanatischen Genozid ganzer Völker den sumpfigen Boden bereiten. Dieses Recht beruht auf der eigenen Werterfahrung. Auf der anderen Seite würde mir dieses Recht auch ermöglichen, anderen das gleiche Recht zuzugestehen und nicht rücksichtslos zu werden.

Dieses „Geburtsrecht" wird uns vermittelt, indem wir beachtet werden, indem wir Aufmerksamkeit erhalten, indem wir gefragt werden und wir einer Antwort so würdig befunden werden, dass uns zugehört wird. So erfahren wir, dass es wichtig ist, was uns bewegt. Wir erfahren, dass es interessant und immer auch einzigartig ist, wie wir die Welt sehen. Wir erhalten das Recht — und damit wird die Neugier geweckt — uns selbst zu fragen. Beachtet zu werden heißt gesehen und gehört, also wahrgenommen zu werden. Das ist mehr als das Registrieren, dass ich da bin: Mich wahrnehmen heißt wissen zu wollen, wie etwas für mich ist. Erst wenn wir verstanden werden, wird etwas Wesentliches von uns erfasst, und wir fühlen uns auch wirklich „gesehen" und ernst genommen.

In der Be-achtung steckt die Achtung, der Re-spekt vor dem, was da wahrgenommen wird. Respekt will zum Ausdruck bringen, dass das Gesehene reflektiert und dessen Bedeutung und Wert bewusst erfasst und in Blick und Haltung des anderen wieder-gespiegelt wird. Es ist die Wahrnehmung und Bestätigung meines Wertes im respektvollen Blick und im Interesse des anderen, die mir die Berechtigung signalisieren, so sein zu dürfen, wie ich bin. Diese Bedeutung, dieses Recht wird vom anderen in mir gesehen und an-erkannt. Ich muss es nicht machen, der andere kann ja nur anerkennen, was schon da ist: Dieses Recht ist mir mit meinem Dasein gegeben. Darum ist es so wichtig, schon als Kind so angeschaut zu werden, um nicht dem so leidvollen kindlichen Trugschluss zu erliegen, dass ich mein Leben lang etwas für dieses Recht tun muss, um überhaupt da sein zu dürfen und geduldet zu werden. Umgekehrt verringert sich die Gefahr dieses Trugschlusses in dem Maße als ich nicht schon als Kind Bedingungen erfüllen musste, um so gesehen und wahrgenommen zu werden.

Als Christen reden wir viel von dieser „Rechtfertigung aus Gnade", diesem Geburtsrecht jedes Menschen — und sind doch oft immer noch so überzeugt davon, andere davon ausschließen zu müssen. Dabei

wäre die Anerkennung dieses Rechts die Voraussetzung, um den Blick eines liebenden Gottes zu vermitteln. Einem Gott, der mir alles abgenommen hat, was
mich daran hindert so sein und werden zu dürfen, wie
er mich gemacht hat: Sogar die „Schuld" nicht erfüllter
Bedingungen hat er mir abgenommen — und alles,
was ich durch diese vermeintliche Schuld mir und anderen schuldig geblieben bin. Rechtfertigung wäre aus
dieser Sicht die lebenslange Aufgabe, jedes Menschen-
kind von Anfang an von dem grundlegenden Schuldgefühl zu befreien, mit dem wir geboren werden: Dem
Gefühl, zu wenig und ungenügend zu sein. Das wäre
die Voraussetzung, um erst schmerzlich spüren und
klar unterscheiden zu können, wem wir tatsächlich
durch Haltung und Handlung in unserem Leben etwas
schuldig bleiben. Es würde uns helfen, zu uns zu stehen, eigen-ständig und mündig zu werden, für uns
Ver-antwortung zu übernehmen und unsere Stimme
zu hören und hörbar zu machen, ohne andere zu über-
hören. Es würde uns helfen, eigene Entscheidungen zu
treffen. Es würde uns helfen aus dem Grunde unseres
Herzens zu lieben, einem überzeugten und entschiede-
nen Gespür, dass sich nicht auf sexuelle Attraktion reduzieren lässt. Erst diese Stellungnahme, diese Haltung zu jemandem wird dem Wert eines Menschen gerecht — und um sie wirbt auch Gott. Berechtigung erhalten wir durch die Augen, die in uns das Kostbarste,

Eigent-liche, Unverwechselbare, nicht Austauschbare, Einzigartige sehen.

So erfahren und empfangen wir unseren Selbstwert: Es ist nicht mehr nur gut, da zu sein (Grundwert) — es ist einmalig gut und recht, so da zu sein, wie ich bin, gerade weil es mich von anderen unterscheidet (Selbstwert). Dieses Recht wird ja gerade im Vergleich mit anderen benötigt: Es ermöglicht mir, zu mir zu stehen ohne den anderen kleiner machen zu müssen und abzuwerten.

Wo diese Berechtigung zu wenig gespürt wird, kann Einsamkeit bedrohlich werden. Es fehlt auf oft beängstigende Weise die Anwesenheit der Person, die Einsamkeit vom Alleinsein unterscheidet: ich selbst. Wenn ich einsam bin, ist niemand da. Wo ich allein sein kann, ist mindestens noch jemand da – ich selbst. Ohne die unmittelbare Ansprache wird es schwer, meiner selbst gewahr zu bleiben, ich entschwinde mir. Vielleicht auch deshalb, weil mir ohne andere das, was mir da bleibt, nichts bedeutet — es kümmert ja keinen. Schlimmer noch: Da ist vielleicht der tiefste Grund, warum ich keine Party auslassen darf, nur um mich zu spüren.

Bist du gerne mit dir? Hast du dich schon einmal gerne zum Essen eingeladen, ohne dass dir etwas fehlt? Wie redest du eigentlich mit dir? Glaubst du dich zu kennen, oder gibt es da noch etwas, was dich neugierig macht? Erst, wo ich gut mit mir sein kann, weitet sich der Raum auch für andere. Wo ich nicht zu mir stehen kann, verschwimmen die Grenzen: Dann fällt es uns schwer, nein zu sagen — aus der mehr oder weniger bewussten Angst, uns selbst zu verlieren, wenn andere sich abwenden. Das wirkt oft sogar besonders demütig und „christlich". Bei genauerem Hinsehen aber fehlt genau das, was Kinder Gottes eigentlich ausmachen sollte: Selbstbewusstsein. Christus konnte sich abgrenzen, er konnte nein sagen. Er konnte mächtige politische Kreise öffentlich der Scheinheiligkeit überführen und zurechtweisen (Mt 23,13). Er konnte Menschen des Tempels verweisen (Mt 21,12). Er konnte Tausende, die an seinen Lippen hingen, einfach stehen lassen, weil er Zeit für sich brauchte (Mt 15,39).

Auch für andere wird es schwer, wenn sie unsere Grenze nicht spüren. Wer feinfühlig genug ist, wird ein latentes schlechtes Gewissen in meiner Nähe haben, wenn ich nicht klar sagen kann, was ich will und vor allem, was ich nicht will. Eine Sonderform, mir zu fehlen, ist es bei jeder Gelegenheit mein Anderssein betonen zu müssen, um aufzufallen — bis hin dazu, dass ich alles bestimmen und beherrschen muss.

Der bedrohlichen Einsamkeit, der Angst davor, dass da niemand sein könnte, der Aufmerksamkeit verdient, folgt die Ruhelosigkeit auf dem Fuß: Wo ich mich selbst nicht spüre, bin ich ständig dazu angehalten, mich am anderen zu spüren. Ich muss in

Bewegung bleiben, denn Stillstand birgt die Gefahr, übersehen zu werden und nicht vorzukommen. Dort, wo ich mir selbst keinen Boden gewähren kann, muss ich fortwährend anderweitig Halt suchen. Ich werde ruhelos. Der klinische Begriff für diese Ruhelosigkeit ist Hysterie oder histrionische Störung, wenn sie das Zusammenleben belastet.

Diese Ruhelosigkeit betrifft uns alle, denn wir leben in einer hysterischen Zeit: In einer Welt, die sich immer schneller „um sich selbst" zu drehen scheint. Aus der Schwierigkeit, mit mir zu sein, folgt eine latent sich steigernde Kränkbarkeit, ein „Sich-für-sich-selbst-Schämen" unter der Oberfläche, das nur darauf lauert, von anderen einen Grund und damit vermeintliche Bestätigung zu bekommen. Umso ängstlicher bin ich darauf bedacht, keine Fehler zu machen, keine Schwächen zu zeigen. Im Perfektionismus steckt der unerreichbare Anspruch, von niemanden nicht geachtet zu werden. Dabei wurde der liebenswerteste Mensch, den ich kenne, meines Wissens von der Mehrheit seiner Volksgenossen so abgelehnt, dass er am Kreuz hingerichtet wurde, — und das hat seinem geschichtlich einzigartigen Stellenwert seit mehr als 2000 Jahren offensichtlich nicht geschadet. Ich aber muss eigentlich im Mittelpunkt stehen und habe gleichzeitig Angst davor, mich zu zeigen. Also zeige ich mich in einer Art, von der ich meine, dass andere sie erwarten. Dem Konformismus und Gruppendruck sind Tür und Tor geöffnet und sie frustrieren mich gleichzeitig zutiefst, weil ich eigentlich anders und in meiner Einzigartigkeit gesehen werden möchte. Selbst im Non-Konformismus folge ich dem Weg der Mode und den Vorgaben Gleichgesinnter, um vermeintliche Erwartungen nicht zu enttäuschen und irgendwo dazu zu gehören. — Ein verzweifelter Zirkel, solange ich nicht auch mir gehöre und endlich allein sein und stillhalten kann, weil ich ein Recht habe, da zu sein. Dass andere für meinen Wert blind sind, heißt nicht, dass ich keinen habe. Es gibt — wie gesagt — Menschen, die durch eine Blumenwiese gehen, ohne die Blumen zu sehen.

Dazu brauche ich dieses „Geburtsrecht". Erst damit vermag ich einen Schritt zurückzutreten — kann mir selbst gegenübertreten — und meiner selbst gewahr werden. Ohne diesen Schritt der Selbst-distanzierung keine Selbst-Annahme. Um mir selbst so gegenüberzutreten, dass ich mich sehen und annehmen kann, muss ich als dialogisches Wesen ein Gegenüber erlebt haben, dass mir die Berechtigung dazu gibt und die Angst davor nimmt. Ein Gegenüber, in dessen Blick ich An-erkennung erlebe. Ein Gegenüber, für das es einzigartig kostbar ist, dass ich genau so bin, wie ich bin. Ein Gegenüber, das mich aus diesem Grund mit ungeteiltem Interesse anfragt und meine Sicht der Welt erfahren möchte.

Darum ist es so interessant, einmal darauf zu achten, wie ich mit mir rede und meine Handlungen kommentiere, wenn keiner zuhört.

Erst wo ich zu mir selbst stehen kann, kann ich mich abgrenzen. Dann darf ich ruhig so sein, auch wenn du anders bist. Dann kann ich dir aber auch zugestehen, anders zu sein, ohne dass es mich bedroht. Erst dann werde ich auch wissen wollen, wie etwas für dich ist, um dich besser zu verstehen. Ich werde nie ganz so sein wie du — und das ist gut so: Dazu brauche ich nicht deine Erlaubnis. Aber wenn du so sein darfst, wie du bist und ich so, wie ich bin, dann können wir uns begegnen und uns mitteilen, dann lernen wir beide ein Stück mehr von dieser Welt kennen und unser Horizont weitet sich. Ja vielleicht lerne ich dadurch sogar ein Stück von mir kennen, das ich bisher nicht gesehen habe.

Wenn ein Kind anfängt nein zu sagen, beginnt es seine Eigenständigkeit zu entdecken. Ich kenne den Begriff „Trotzalter" nur aus dem Deutschen in seiner Bedeutung, die einem Kind die ignorante und böswillige Ablehnung alles dessen unterstellt, was gut für einen ist. Aus diesem Missverständnis kindlichen Trotzes ließen sich durchaus auch theologische Strömungen ableiten, die davon ausgehen, dass „das Trachten des menschlichen Herzens böse ist von Jugend an" (1.Mo 8,21). Als sei es nicht genau dieses Herz, dem Gott sich schon in der Krippe anvertraut hat.

Möglicherweise ist ja an dem „Trotz" in seiner ursprünglichen Bedeutung etwas Gutes: Vielleicht möchte das Kind der Gefahr trotzen, an seinem Leben vorbeizuleben, wenn es nicht dazu ermutigt wird, die eigene Stimme ernst zu nehmen und seine Grenzen zu erfahren. Die Kunst wäre, ein Kind zum Eigenen zu ermutigen, ohne ihm meine Grenzen und die von mir wahrgenommenen Gefahren und Konsequenzen seiner Handlungen vorzuenthalten.

Es wäre entscheidend, mit unseren Kindern so zu reden, um ihnen ihren Wert, um ihnen Leben zu eröffnen. Das kann uns keine Schule abnehmen, aber vor allem keine elektronischen Medien oder gar der Fernseher.

Persönliche Autorität

Im Unterschied zum Tierreich kann der Mensch zum Überleben kaum auf "Instinkte"[5] zurückgreifen. Diese fehlende Instinktsicherheit muss ihm durch Erfahrung ersetzt werden. Das meiste von dem, was wir zur Bewältigung unseres Lebens einsetzen, haben wir gelernt. Hier setzt die Bedeutung von Autorität ein. Was für das Überleben gültig ist, gilt natürlich in besonderem Maße für das, was wir nicht ohne Stolz als — unserer Würde entsprechende — menschliche Errungenschaften bezeichnen. Alles, was wir mit Kultur oder Zivilisation meinen, bedarf der mitmenschlichen

Vermittlung eines traditionellen Erfahrungsschatzes. Die Offenheit der Kindheit ist auf die Erfahrung des Alters angewiesen. Ein Kind muss jedoch das unschätzbare Geheimnis seines Wesens, das es zu verwirklichen gilt, in den Augen eines Erwachsenen erahnen können, um von ihm lernen zu wollen, ja um überhaupt wahrnehmen zu können, dass es noch etwas Lernenswertes gibt. Wer diese Achtung nicht erlebt, erlebt jede Forderung als Verachtung, also im Sinne eines Ungenügens.

Hier sind wir beim Wesen echter, persönlicher Autorität im Gegensatz zu einem ineffizienten, ja zerstörerischen Autoritarismus: Persönliche Autorität gibt es nur dort, wo sich das Geforderte mit dem Gelebten deckt. Wenn das, was ich sage, nicht gedeckt wird durch das, was ich lebe und bin, dann entwerte ich, was ich sage und fordere. Ich bin nicht „authentisch" und vermittle widersprüchliche Botschaften, die unglaubwürdig machen und nicht übernommen werden können. Paul Watzlawick stellte schon vor Jahrzehnten fest, dass der Mensch „nicht nicht kommunizieren" kann (Watzlawick, 2016), weil neben der Sprache immer auch über Gestik, Gesichtsausdruck, Körperhaltung sogar im bewussten Schweigen etwas vermittelt wird. In einer Studie kamen Forscher zu dem Ergebnis, dass 55 Prozent der Wirkung einer Botschaft durch die Körpersprache bestimmt wird, d.h. Körperhaltung, Gestik und Augenkontakt. 38 Prozent ihres Effekts wird durch die Stimmlage und nur 7 Prozent durch den Wortinhalt erzielt (Mehrabian & Ferris, 1967). Es ist leicht sich vorzustellen, wie wenig vom Wortinhalt einer Botschaft ankommt, wenn alle sonstigen sinnlich wahrnehmbaren Signale dagegensprechen.

Wer in den Augen seiner Eltern, seiner Lehrer nicht erahnt, was er sein könnte, wird letztlich ablehnen, was er ist. Wo wir aufhören, mit unseren Kindern zu reden, um ihnen ihren Wert zu eröffnen (das kann kein Fernseher für uns erledigen, schon weil er uns nicht hört oder sieht), wird die Kluft immer größer und Kultur wird nicht tradiert und gebaut, sondern zerstört. Das Alte wird vielmehr zur Krankheit reduziert und verächtlich abgewiesen. Damit geht aber auch ein Maßstab verloren, um Wesentliches von Wichtigem zu unterscheiden.

In den Worten V. Frankls, der sein Leben dem Studium der Höhen und Abgründe der menschlichen Seele gewidmet hat, der selbst vier Konzentrationslager überlebte und wie kaum ein Zeitzeuge befugt scheint, eine Entwicklung kritisch zu beurteilen, ergibt sich folgende Beurteilung des Zeitgeistes und des Stellenwertes der Tradition:

"Im Gegensatz zum Tier sagen dem Menschen keine Instinkte, was er muss; und dem Menschen von heute sagen keine Traditionen (keine glaubhaft übermittelten und erfahrenen Werte) mehr, was er soll; und oft scheint er nicht mehr zu wissen, was er eigentlich

will. Nur umso mehr ist er darauf aus, entweder nur
das zu wollen, was die andern tun, oder nur das zu
tun, was die anderen wollen. In ersterem Falle haben
wir es mit Konformismus zu tun, im letzteren mit Totalitarismus." (Frankl, 1975, S.13)

Totalitarismus ist die zerstörerische und unbarm-
herzige Macht einer Massen- oder Gruppenidentität,
in der die individuelle Verantwortung des Einzelnen
nicht mehr gespürt und wahrgenommen wird.

Auf diesem Hintergrund erweist sich jenes bekannte Motto von Bert Brecht: "Erst kommt das Fres-
sen, dann kommt die Moral" (Brecht, 2004) als gar
nicht so zwingend gültig. Ja, es wird in reduktionisti-
scher Simplifizierung als eine verkürzte Sicht entlarvt:
Wo die Moral der eigenen Wertigkeit nicht vermittelt
wird, ergibt sich ein Zustand, auf Grund dessen der
Mensch, bei aller möglichen materiellen Sättigung und
Übersättigung gar nicht mehr essen will, weil er nicht
mehr weiß, wozu. Umgekehrt ist es staunenswert, auf
wie viel der Mensch zu verzichten vermag, wenn es
ihm um etwas geht. Jedenfalls wird dieser Befund
durch die epidemisch sich ausbreitende Depression
und durch die Suizidraten gerade in sozial "hochent-
wickelten" und reichen Ländern eindrucksvoll empi-
risch untermauert.

Spätestens an dieser Stelle wird auch klar, warum es
sich bei den Phasen unseres seelischen Zeltbaus nicht
um eine zeitliche Abfolge handelt: Aus dieser Sicht

muss ich „dürfen" (das Recht bekommen) bevor ich wollen (zu mir stehen) kann (den Boden finden). Erst dann könnte sich die Frage auftun, was ich mag (Werte fühlen). Auf den dialogischen Empfang dieses Rechtes bin ich mindestens genauso angewiesen wie mein Körper auf die Zufuhr von Lebensmittel. Einen Hinweis darauf geben auch die Findelkinder Friedrichs II (s.o.), mit denen nicht gesprochen wurde.

Die bedingungslose Haltung der Bejahung, die einem Kind dieses Recht vermittelt, scheint mir so grundlegend notwendig wie Flüssigkeit, Nahrung, Wärme, Halt und geschützter Raum. Hier wird auch deutlich, warum beim personalen und dialogischen Wesen des Menschen vor allem von Grundmotivationen (Längle & Holzhey-Kunz, 2008, S.33 f.) und nicht von Grundbedürfnissen die Rede sein sollte. Wo die dem Wesen entspringende Motivation zum Leben nicht beantwortet wird, kann sogar die Befriedigung von grundlegenden Bedürfnissen verweigert werden. Es genügt nicht zweidimensional und mechanisch mit Energie zu versorgen und in Gang zu halten, was nur dreidimensional zu bewegen und zu erfüllen ist. Schon ein Säugling, der nicht zu sich herausgerufen wird, kann die Nahrungsaufnahme verweigern. Erst wo diese liebevolle Absicht im Tonfall einer Stimme mitschwingt und ein Kind willkommen heißt, kann aus einer unheimlichen Welt eine Heimat werden, wird aus dem Zu-Gesprochenen und Gezeigten eine Mutter-sprache.

Dann bin ich nicht nur in diese Welt hineingewor-fen, ich kann darin auch aufgehoben sein, um in ihr und an ihr zu wachsen. Wer mir diese Welt so eröffnet verweist mich auf den, der diese Welt trägt — und in dessen Armen ich letztlich geborgen bin.

Die Welt selbst ist kein Dialogpartner. Der Bezug zu ihr ist personal vermittelt und sie selbst verweist auf Eigenschaften ihres Schöpfers. Wenn ich schon Du sage, dann zu dem, der diese Welt gemacht hat und der in seiner Schöpfung durchklingt. Erst dann kann sich klären, dass ich dieser Welt nicht ausgeliefert bin, sondern dass sie mir anvertraut ist und es auch auf mich ankommt, sie mitzugestalten.

Es ist so wie ein Freund es einmal beschrieben hat: Durch erlebten Respekt kann aus einem in sich ge-krümmten, nach sich selbst suchenden Fragezeichen („homo in-curvatus") ein Ausrufezeichen werden, das hinter dem steht, was sich da furchtlos und aufrichtig zeigt, und ihm Bedeutung verleihen. Dazu brauchen wir dieses empfangene Recht, um auf unser Gespür, unser Gewissen, unsere innerste Stimme hören zu kön-nen.

Gewissen

Was unterscheidet „Fühlen" von „Spüren", was ist der

Unterschied zwischen „Gefühl und Gespür"?

Mit Gefühl ist zunächst etwas Unmittelbares gemeint, das sich in mir regt, wenn ich etwas Berührendes erlebe. Etwas, das mir so unvermittelt nah ist wie die eigene Haut: Entweder etwas zieht mich an oder es stößt mich ab. Bei positiven Gefühlen wirkt etwas anziehend, negative Gefühle stoßen von etwas ab. In jedem Fall werde ich durch ein Gefühl bewegt.

Beim Gespür nehme ich dagegen etwas wie aus der Ferne wahr, das mich zunächst nicht unmittelbar erreicht. In dem Wort steckt schon die „Spur", die ich aufnehme wie einen Abdruck oder einen feinen Duft, der auf etwas verweist, das ich noch nicht sehen kann. Die Frage, der wir in diesem Abschnitt auch nachgehen, ist wie etwa aus einem angenehmen (anziehenden) oder unangenehmen (abstoßenden) Gefühl etwas Gutes und Richtiges spürbar wird. Es kann etwas sehr angenehm sein und doch nicht richtig. Etwas Unangenehmes kann durchaus stimmen. Umgekehrt muss etwas nicht unangenehm sein, um richtig zu sein. „Angenehm" und „gut" sind verschiedene Qualitäten. Diese Fähigkeit, Gefühltes gleichsam auf Bedeutsames hin zu filtern und die Spur aufzunehmen in Richtung auf etwas Wertvolles, Gutes und Richtiges, diese Fähigkeit verleiht uns unser Gewissen: Es geht um eine geistige Fähigkeit, die sinnlich spürbar wird.

Ich bin der Überzeugung es ist das größte Geschenk, das wir unseren Kindern und der Welt machen können, die sie eines Tages verantworten werden: Ihnen dieses Gewissen zu eröffnen.

Mit dem sogenannten „schlechten Gewissen" hat dieses eigentliche Gewissen allerdings oft wenig zu tun. Das schlechte Gewissen kommt meist unmittelbar aus der Angst, nicht dazu zu gehören und ausgeschlossen zu werden, wenn ich nicht dem entspreche, was „man" von mir erwartet. Dieses „man" oder Überich muss aber erst einmal hinterfragt werden dürfen, um zu erspüren, was ich „eigentlich" davon halte — sonst wäre so etwas wie Widerstand gegen eine Mehrheit gar nicht möglich. Die Geschichte hat jedoch immer wieder auf grausame Weise gezeigt, dass die Mehrheit sich gegen das Richtige entscheiden kann. Genau deshalb braucht es zum eigenen Gewissen den Mut, notfalls allein zu bleiben, sonst kann ich nicht wirklich „hinter"-fragen. Berechtigung verleiht diesen Mut zur Gerechtigkeit. Das eigene Gewissen macht mir auch keine Angst vor einer Strafe oder vor Ablehnung, wenn ich nicht darauf höre. Es ist vielmehr eine enttäuschende Leere, die sich innerlich breit macht, wenn ich mir und anderen etwas schuldig bleibe: Ein Gefühl, das eher der Traurigkeit ähnelt. „Es tut mir leid" — als ob ein lieber und unschuldiger Freund, den ich gerade absichtlich verletzt habe, mich nur mit nassen Augen anschaut.

Das eigene Gewissen ermöglicht mir also erst die „eigene" Wahl — und muss aus dem Überich herausgefiltert werden, das ich von anderen Stimmen übernommen habe. An diesem Übernommenen mag vieles richtig sein, aber es braucht die Zustimmung meines Gewissens, um nicht fremd- sondern selbstbestimmt mein Leben zu gestalten. Dazu gehören auch Fehler — denn selbst diese Fehler muss ich nach besserem Wissen und Gewissen selbst einsehen, sonst lerne ich nur, mich nicht erwischen zu lassen, weil es ja nicht mein Fehler war. „Was du ererbt von deinen Vätern, erwirb' es, um es zu besitzen" lässt Goethe seinen Faust sagen. Dazu gilt es immer wieder, sich „gewissenhaft" Grundfragen zu stellen — denn einige von uns glauben beispielsweise immer noch und schon wieder, dass „Rassenreinheit" uns vor Kulturverlust bewahrt. Das Gewissen ist jedoch die einzige Möglichkeit, uns vor solchem Konformismus und Totalitarismus zu bewahren, indem die eigene Stimme nicht von anderen übertönt wird. Das geht nur, wenn ich mich auf mein eigenes Gespür verlassen kann. Andernfalls müsste ich stets glauben, was mir gesagt wird. Wir können jedoch etwas tun, weil wir spüren, dass es gut ist, und nicht nur, weil es uns gesagt wird. Kierkegaard spricht in diesem Zusammenhang vom „Schwindel der Freiheit" (Kierkegaard, 1912) und meint damit eine Verantwortung, die wir oft gar nicht tragen wollen: Ihre Höhe macht uns Angst und es wäre leichter, sie abzugeben. — Dann sind nämlich immer andere schuld.

Die Klärung dessen, war für mich stimmt, kommt aus einer anderen Quelle als das ängstliche Anpassen an das, was andere mir gesagt haben oder vermeintlich von mir erwarten. Sie ist keine Schutzreaktion, sondern kommt von innen, in Abstimmung mit mir. Sie bewirkt in mir nicht die noch geduckte und atemlose Erleichterung, gerade einer Gefahr entgangen zu sein, sondern aufrechtes und befreites Aufatmen in einem sich weitenden Raum. Sie bewirkt eine von innen sich ausbreitende wohlige Wärme, die sich überall einstellt, wo ich dem Leben auf der Spur bin. Und sie füllt mich mit der guten Luft ruhiger Klarheit eines erklommenen Berggipfels, mit dem Frieden, hier verharren und den Blick über die neu gewonnene Perspektive schweifen lassen zu wollen. Das Gewissen entspringt der unvermittelten Tiefe meiner Person und ist Teil meines Wesens. Das Überich dagegen wurde mir vermittelt und enthält vieles, was ich noch nicht mit meinem Gewissen vereinbart habe, mir also noch nicht zu eigen gemacht habe.

Auf mein Gewissen zu hören heißt, ein inneres Angebot zu mehr Leben anzunehmen, ohne es anderen wegzunehmen zu müssen, denen es genauso zusteht. Im Gegenteil: Was für mich aufleuchtet, kann ich versuchen, auch anderen sichtbar zu machen: Ich möchte es teilen. Solange es nur für mich gut ist, fehlt noch etwas. Durch das Erhellen von Wertvollem macht es mein Leben, reicher, farbiger, tiefer, bedeutungsvoller

118

und damit sinnvoller. Es kommt meist leise daher, wie eine wohlwollende Frage an mich, wie wenn sich Nebel lichtet. Was da sichtbar wird, lässt mich staunen. Nicht darauf zu hören, hinterlässt ein Gefühl der Leere und Traurigkeit, ein dumpfes Vakuum des verfehlten Zieles und der Sinnlosigkeit.

Das Überich dagegen konfrontiert mich zunächst mit Geboten und Verboten und bedrängt mich durch die Gefahr, Beziehungen zu verlieren, ohne die ich meine, auf Leben verzichten zu müssen. Nicht darauf zu reagieren, macht Angst, irgendwie vom Leben bestraft zu werden, etwas zu versäumen, weniger geliebt zu werden oder sogar ausgestoßen und ausgeschlossen zu werden. Die Selbstverständlichkeit dieser Reaktion auf Situationen im Leben kann ich wiederum oft nur bewusst hinterfragen, wenn ich in der sicheren Umgebung einer vertrauensvollen Beziehung danach gefragt werde, einer Beziehung, die mir mit dem Recht auch den inneren Boden, den Schutz, den Halt verleiht und mir den Raum gibt, mich von mir selbst distanzieren und mich anfragen zu können, ohne mich zu verlieren. Bei solchen Gelegenheiten merke ich dann, dass diese drängenden, lauten, alles übertönenden Stimmen des Überichs nicht ursprünglich aus mir kommen, sondern von außen, von anderen, und von mir verinnerlicht wurden, um mich davor zu schützen, allein gelassen und vom Leben ausgeschlossen zu werden. Ich stecke oft noch in einem inneren Gewirr anderer

Stimmen, aus denen es manchmal mühsam ist, die eigene herauszuhören.

Im Finnischen bezeichnet das Worte für Gewissen gleichzeitig das ureigenste Innerste und das Öffentlichste: Mit dem, was mir da innerlich so klar geworden ist, bin ich bereit — und notfalls auch ganz allein, — vor die Welt, vor die Öffentlichkeit zu treten. Das bin ich mir selbst wert, das ist mir das wert, wofür ich da einstehe.

Wo mir dieser Selbstwert ohne Kompass des eigenen Gewissens fehlt, kommt es zum „Kreisel-Syndrom": Die scheinbare Stabilität eines Kreisels ist direkt proportional zur Geschwindigkeit, mit der er sich um sich selbst dreht. Je weniger er in Bewegung bleibt, desto mehr droht er, umzufallen. Könnte er sich dessen bewusstwerden, würde er spätestens dann bemerken, dass er eigentlich auf dem Kopf steht und nicht auf den Füßen. Wo mein Herz keinen Grund verspürt, muss mein Kopf verzweifelt nach Ursachen suchen, die nur leider mein Gewicht nicht tragen. Dieses Grundleiden, sich nur am Anderen zu spüren, wo mir der Zugang zu Eigenen verwehrt blieb, hat zwar einen klinischen Namen, der mir aber nicht eröffnen kann, wie sehr es mich angeht. Im Gegenteil, oft scheint mir, dass umso leichtfertiger mit Diagnosen umgegangen wird, je mehr ich damit von der eigenen Betroffenheit ablenken und mich überlegen fühlen kann. Denn dort, wo ich zur Ruhe käme, müsste ich mit mir allein sein — und dort ist vielleicht nichts, oder etwas Furchtbares und Verachtenswertes. Wo ich nicht wissen will, wer ich bin, habe ich bei aller Fähigkeit, mich möglichst teuer zu verkaufen, Angst, mich preiszugeben, weil ich Angst habe, abgelehnt zu werden.

Ein Zelt, das nicht angepflockt wird, flattert im Wind oder wird davongetragen, der Innenraum fällt in sich zusammen, ohne Raum für mich — und andere. Wer seine eigenen Grenzen nicht kennt, spürt auch die des anderen nicht. Wenn ich nicht merke, wo ich aufhöre, kann ich schwer sagen, wo du anfängst. Schüchternheit und Arroganz liegen oft näher beieinander als wir meinen. Bei beiden ist mir mein Wert und damit das Recht auf meine Grenze zu wenig spürbar. Beides ist eine Form der Respektlosigkeit. Nur wer den eigenen Wert spürt, kann den des anderen achten — und Grenzen wahren.

Selbstannahme

Hier noch einige Fragen, um diesem Verhältnis zu mir ein wenig auf die Spur zu kommen:

Wenn mir etwas misslingt und ich mich spontan mit einem Kraftausdruck versehe, vor wem stehe ich da? Wie vernichtend klingt dieses Urteil? Darf mir das überhaupt passieren? Oder gibt es da jemanden, der innerlich auch für mich Partei ergreift und dabei sogar etwas schmunzeln kann?

Wer spricht da eigentlich zu mir, wenn ich mit mir rede? Bin das wirklich ich? Würde ich so mit einem Freund oder einer Freundin reden? Rede ich da eigentlich mit mir oder mit einem hoffnungslosen Fall?

Kann ich mit mir verhandeln oder gibt es da keinen Spielraum?

Das Überich gibt uns hier keinen Raum, es auch anders zu sehen. Fragen wie: „Wie siehst du das eigentlich? Stimmt das auch für dich?" kann das Überich nicht zulassen. Vor dem Überich habe ich keine Wahl: Entweder ich bin normal oder nicht. Wo ich aber keine Wahl habe, bin ich gezwungen, und mir bleibt eine wesentliche menschliche Qualität versagt: Die Freiheit der Entscheidung, die Freiheit, mein Leben zu gestalten. Zwischen Not und Notwendigkeit gibt es dann keinen Raum, in dem sich ein eigener Wille entfalten könnte. Ein anderer aber, der sich diesen Raum nimmt, macht mich wütend, weil er sich etwas anmaßt, das ich mir selbst nicht zugestehen darf. Darum wäre jedes „Muss" einmal zu hinterfragen bis ich das „ich Will" dahinter entdecke, weil es für mich und andere gut ist. Es ist der Tourist in Bölls Anekdote, der noch nicht weiß, dass er sich beim Wirtschaftswachstum einem selbstauferlegten Zwang unterwirft, ohne den er jetzt schon schadlos mehr tun könnte, was er eigentlich möchte. Selbst Unabänderlichem Gegenüber habe ich als Mensch noch die Freiheit, meine Einstellung zu ändern: Ich kann versuchen, das Beste daraus zu machen, ohne verbittert zu resignieren — und allein dadurch würde sich schon etwas ändern.

Was finde ich richtig, wenn ich so mit mir verhandle?

Kann ich es aushalten, mit mir allein zu sein — oder bräuchte ich da dringend etwas? Was fehlt mir da?

Mag ich mit mir — so, wie ich bin — in die nächste Woche gehen?

Lebe ich jetzt mit meiner Zustimmung, oder warte ich noch darauf, dass etwas besser wird, bevor ich anfangen kann, mein Leben zu leben?

Kann ich mit mir allein einen schönen Abend verbringen?

Heute Abend kommt mein bester Freund, meine beste Freundin zu Besuch: Ich selbst. — Wie würde ich da gerne miteinander die Zeit verbringen? Was würde mir Freude machen? Das wäre gelebte Selbstannahme: Es mir richtig schön zu machen.

Habe ich heute schon etwas Gutes für mich getan? Kann ich mir das gönnen? Wie oft nehme ich mir Zeit, das zu genießen?

Habe ich Geduld mit mir?

Möchte ich, dass mein Kind so mit sich umgeht wie ich mit mir? — Oder soll es das gefälligst?

Was bedeutet es, mir Freund oder Freundin zu sein? Was verstehe ich eigentlich unter Freundschaft und kann ich so auch mit mir umgehen? Darf ich das?

Wenn ich mir Freund oder Freundin sein kann, werde ich auch in anderen Freunde finden.

Die Fähigkeit, mir selbst wohlwollend gegenüberzutreten, mit mir in Beziehung zu treten und mich anzunehmen, macht es auch möglich, das Angenommene entschieden auf etwas Wertvolles hin zu überschreiten und loszulassen. Selbstdistanzierung und Selbstannahme sind Voraussetzung für Selbsttranszendenz, was uns zum nächsten Abschnitt führt.

Person

Was aber ermöglicht mir, auf mein Gewissen zu hören und diese Fähigkeit zu entwickeln — und woher kommt das?

Aus den Stimmen, die mich meinen und erreichen, entsteht eine Stimmung. Diese Stimmung be-‚stimmt‘ meine Einstellung zu mir. Sie befähigt mich im besten Fall, auf mich zu hören und begründet das Recht, zu dem zu stehen, was für mich stimmt. Dieses Recht verleiht mir dann die Stabilität, allein zu stehen. Aber dieses Recht kann ich mir eben ursprünglich selbst nicht geben.

Dieses Recht wird schon in der Art vermittelt, wie ich gefragt wurde. Ohne die freundliche und interessierte Zuwendung des Fragenden wird keine Antwort erwartet und ich werde als Kind gar nicht dazu eingeladen zu entdecken, was ich mag. Im Dialog umgibt, begründet und befähigt somit das Dürfen das Mögen und geschieht gleichzeitig: wie bei einem modernen Zelt das Innen und Außen beim Aufrichten gleichzeitig entsteht.

Gewissen-Haftigkeit ist die Fähigkeit, zu dem zu stehen, was für mich stimmt. Was da von außen kommend in meinem Innersten anklingt und übereinstimmend in Schwingung versetzt, das ist stimmig. „Dis"-„cor"(= Herz)-dantes erzeugt „Miss"-stimmung, mein Herz klingt nicht im „Ac"-„cor"d — im Gleichklang — „mit". Authentisch bin ich, wenn ich leben kann, was für mich stimmt. Authentizität aber ist das Geheimnis, ist die Grundlage echter Autorität — egal ob ich Straßen kehre oder viele Titel trage.

Gott sprach „es werde": Die Stimme als Instrument, als Vermittler des Wortes, das Leben schafft. Wie kann es gelingen, dass diese Stimme, die sagt: „es werde", „du sollst sein", „ich will dich" , „du bist geliebt" zu uns durchdringt?

Das Wort „Person" ist abgeleitet aus dem lateinischen Verb "per-sonare", das zwei Bedeutungen hat: "durchtönen" und "widerhallen". Es beinhaltet also beides: Begründung und Auswirkung desselben Geschehens. Eine weitere Wurzel dieses Wortes dürfte aus der griechischen Theaterpraxis stammen, bei der die Schauspieler gewöhnlich Masken trugen. Je nachdem, ob es sich um eine Komödie oder Tragödie handelte, gingen die Mundwinkel dieser Maske nach oben oder nach unten. Das, was jedoch die einzigartige Dramatik jeder Aufführung ausmachte - sie be-"seelt" hat, — war natürlich die Stimme des Schauspielers, die durch diese Maske durchtönte.

Person also ist, wo etwas im Innersten anklingt und widerhallt. Der Person kann ich nicht habhaft werden, ich nehme sie in ihrer Wirkung wahr, wie den Wind, indem er über ein Weizenfeld streicht.

Person ist, könnte man in Anlehnung an Meister Eckhart sagen, wenn Gott dir in die Seele lacht und deine Seele zurück lacht (Eckhart, 2013, S.151), wobei die Bedeutung wie in jedem Symbol immer das Bild sprengt. Das ist der einzigartige und unfassbare Ursprung unseres Wesens. Wo ich das Leuchten dieses Antlitzes über mir und die Stimme wahrnehme, die mir wie ein leiser Donner ins Innerste dringt und mich anlacht, dort erfahre ich das Recht, so zu sein, wie ich bin und gleichzeitig die Einladung, es zu werden, indem ich darauf antworte.

Dieses Recht begleitet den gespürten Grundwert meines Daseins: Es ist gut, dass ich da bin. Auch diesen Grundwert kann und muss ich nicht schaffen oder verdienen. Er ist an keine Bedingungen geknüpft, ich kann nur in Empfang nehmen, was mir schon vor aller Zeit zugesprochen wurde, damit er mir ge-„hört."

Eine Ahnung davon bekomme ich, wo immer es für mich gut ist, zu sein. Da komme ich mit meinem Denken allerdings nicht hin. Erst wenn es sich zunächst gut anfühlt, kann ich etwas davon wahrnehmen und herausspüren.

Sogar die verstandesmäßige Einsicht, das was ich als wahr erkenne, folgt einer gespürten Stimmigkeit, einer Über-ein-Stimmung des Erlebten mit dem, was da in mir anklingt und mitschwingt. Ich kann von dem Gedanken, dass ich bin, nur überzeugt und konstruktiv ausgehen, wenn ich das vorher gespürt habe. Aus meinem Fühlen wird Spüren, wenn etwas Erlebtes mein Innerstes so mitschwingen lässt, dass es mich gleichsam eine Spur aufnehmen lässt von Wahrem, Guten und Schönen. Das ist eine Fähigkeit meiner Person, eine geistige Fähigkeit. Die Klarheit meines Verstandes beruht auf dieser Fähigkeit, Erlebtes zu deuten und diese Spur aufzunehmen. Der Verstand ist also keine Überwindung des Gefühls, sondern beruht auf dessen gespürter Bedeutung. Gespür ist gedeutetes Gefühl.

Es gibt keine logische Erklärung mehr für die Einsicht, dass eins und eins zwei ergibt. Das ist uns entweder einsichtig oder nicht, es lässt sich nicht mehr erklären. Wir sprechen hier von einem „Evidenzgefühl" (Frankl, 1983, S.220 ff.), also einem in überwältigender Klarheit gedeuteten, „stimmigen" Gefühl, das aller Vernunft und Logik zugrunde liegt. Die Vernunft ist somit — auch von der Wortwurzel her zu Recht — eine Frage des Vernehmens, des Hörens. Daraus ergibt sich, dass wir unserem Verstand — dem, was wir verstehen

127

— die Grundlage entziehen, wo wir lernen Gefühle nicht wahrzunehmen und zu deuten. Auch das geht nicht von selbst — es hilft, danach gefragt zu werden. Ein befreiter Verstand kommt aus einem berührbaren Herzen.

Das Gespür für Gutes, Richtiges und Schönes ist „wesentlich feinsinniger, als der Verstand scharfsinnig sein kann" formuliert V. Frankl in Abwandlung eines Wortes von Blaise Pascal: „Le coeur a des raisons, que la raison ne connait point" — Das Herz hat Gründe, die der Verstand überhaupt nicht kennt" (Pascal, 2012, S.233). Es macht unser Gewissen aus. Dieses Gespür ist nicht unfehlbar, aber es lässt uns auch nach Irr- und Umwegen immer wieder die Richtung, die Spur aufnehmen. Wir können nur aus einem Fehler lernen, den wir als Fehler ein-gesehen haben. Denn erst, wenn etwas auch für mich nicht stimmt, wird es zu meinem Fehler. "Man sieht nur mit dem Herzen gut" — sagt Saint-Éxupery — "das Wesentliche bleibt für das Auge unsichtbar" (Saint-Exupéry et al., 2003, S.72).

Dieses Gespür, dieser Sinn für das Wesentliche ist Teil unseres Geburtsrechtes, dem Gott selbst sich anvertraut hat, Ihn zu erkennen. Es kann verschüttet sein, weil es selten angefragt und eingesetzt wurde, aber es ist immer da. An dieses Gespür lohnt es, sich noch etwas heranzutasten:

Gott hat sich dieser Fähigkeit in uns ohnmächtig ausgeliefert, um verstanden zu werden und unser

Vertrauen zu erwerben. Solange es für uns noch nicht gut ist, war alles umsonst. Was für uns gut ist und stimmt, spüren wir: das lässt sich — wie gesagt — verstandesmäßig nicht erreichen. Viele unserer großen philosophischen Systeme muten an wie ausgeklügelte Versuche, sich gegen ein feindliches, unbeseeltes — oder noch schlimmer: gegen ein feindlich beseeltes — Universum abzusichern. In der Wissenschaft kann das ironischerweise zu Sätzen führen, die eindrucksvoll gehirnphysiologisch und psychologisch scharfsinnig und schlüssig erklären wollen, warum ein Satz nur zufällig entsteht und keinen objektiven Wahrheitsgehalt haben kann.

Ein grundeinsames, ängstliches Herz lässt sich jedenfalls mit kognitiven Sicherungsgerüsten nicht beruhigen. Erst ein geborgenes, befreites Herz, das andere Gründe kennt, setzt auch den Verstand frei, einem ängstlichen Kreisen zu entkommen. Das kennen wir aus schlaflosen Nächten.

An dieser Stelle ist vielleicht ein Bild hilfreich, das Zusammenhänge zwischen Ich, Selbst, Persönlichkeit, Person und Gewissen verständlicher macht — lediglich ein Bild, keine Allegorie und damit ohne Anspruch auf vollständige Entsprechung.

In dem Bild steht das Ich für den Kapitän eines Schiffes — die Instanz, die Informationen verarbeitet und Entscheidungen fällt. Um zu diesen Entscheidungen zu kommen, sich zu beraten, Positionen zu bestimmen und abzuwägen, mit sich zu verhandeln, sich zu erinnern und nachzudenken verbringt der Kapitän viel Zeit mit sich in seiner Kajüte — das ist gleichsam der Innenraum des Selbst, an dem er sonst nur die engsten Vertrauten teilhaben lässt. Die Atmosphäre dieses Raumes ist bestimmt vom Verhältnis unseres Kapitäns zu sich selbst. Wenn er gut mit sich kann, wird er dort zwar oft allein sein, aber selten einsam — auch nicht, wenn er jemanden vermisst, — weil er in seiner Kajüte sich selbst begegnet und bei sich ist.

Die Crew, die den Kapitän nach außen repräsentiert und für andere zuerst sichtbar ist, steht im Bild für seine Persönlichkeit. Sie gibt dem Schiff die lebendigen Züge, die man von außen wahrnimmt. Gewisse typische Haltungen und Verhaltensweisen des Kapitäns werden natürlich von der Crew übernommen und werden an ihr sichtbar. Ein ängstlicher Kapitän wird ernste Matrosen mit zwanghaften Routinen um sich scharen. Aber, was an der Crew da sichtbar wird lässt nur bedingt Rückschlüsse auf den Kapitän zu und betrifft Typisches, Schablonenhaftes, das unser Kapitän mit vielen seiner KollegInnen teilt. Um das zu sehen, was ihn von allen unterscheidet, genügt nicht die Vermittlung der Crew — man muss ihm schon selbst begegnen und sich die Zeit nehmen, ihn zu verstehen.

Dieses Einzigartige und — wo es sichtbar wird — immer Staunens- und Liebenswerte hat mit einem Geheimnis zu tun, das er in seiner Kajüte aufbewahrt.

In der Wandvertäfelung ist eine versteckte Tür eingebaut, die auf den ersten Blick nur ein weiteres kleines rundes Kajütenfenster freigibt, durch das er das Meer und den Horizont sehen kann. In der Nische vor dem Fenster steht ein kostbares Instrument,[6] das über eine transparente Membran, die in den Rahmen des Fensters eingespannt ist, Schwingungen aufnimmt. Dadurch wird etwas hörbar, wenn es still wird in der Kajüte. Es sind feinste Druckwellen aus einer Wirklichkeit, die für das Auge nicht sichtbar ist, aber alles, was unser Kapitän sieht und berühren kann umspannt und durchwirkt. Diese feinen Druckwellen setzen die Membran so in Schwingung, dass es für ihn über sein Instrument wie eine leise Stimme klingt. Gleichzeitig erreicht ihn über seine Nase ein kaum wahrnehmbarer Duft.[7] Hier wird der Weg zum Sinn über die Sinne eröffnet. Es ist eine Verbindung zu seinem Wesen, seiner Person aus einer Dimension, der Zeit, Krankheit und Tod nichts anhaben können. Was da zu ihm durchklingt, filtert aus dem, was er erlebt hat und weiß, das Gewisseste heraus, das für ihn stimmt — darum nennt er dieses Instrument auch sein "Gewissen". Es filtert aus dem, was ihn bewegt, das Bedeutsame, das Wesentliche und aus dem, was ihn anzieht, die Spur, den Geruch für das, was für ihn gut, richtig und wahrhaft schön ist. Hier wird gedeutet, was er sinnlich wahrnimmt und fühlt und er beginnt zu spüren. Es hilft ihm, seinen Kurs zu bestimmen, egal aus welcher

131

Richtung der Wind weht, und wo ihm das gelingt, erhellt sich seine Kajüte und angespannte Züge klären sich zur Entschlossenheit. Eine Klarheit, die sich auch in den Gesichtern seiner Crew spiegelt, sobald sie den Kurs übernimmt. Er ahnt, dass durch diesen Kurs etwas durch ihn Zeit und Raum in dieser Welt bekommt. Etwas, das auch für andere sichtbar und berührbar und damit Wirklichkeit wird. Etwas, das sich in dieser Welt aber nicht erschöpft, sondern darüber hinausweist: Ein Weg in Richtung Heimat.

Was unser Kapitän da wahrnimmt, berechtigt ihn zu einem Kurs, den er nötigenfalls auch allein segeln darf, auch ohne sich vor anderen Kollegen rechtfertigen zu müssen. Recht haben muss ich in dem Maße als ich mir nicht gewiss bin, stimmberechtigt zu sein. Zum eigenen Kurs berechtigt zu sein bedeutet aber noch nicht unbedingt, richtig zu liegen: auch eine Kursänderung auf Grund neuer Erkenntnisse ist jedoch eine Frage des Gewissens und das Recht jedes Kapitäns.

Auch dieses Kajütenfenster hat unser Freund nicht allein entdeckt. Als rechtmäßigem Kapitän wurde es ihm gezeigt und er wurde für das „Lesen" seines Instrumentes ausgebildet. So wie das Recht zugesprochen wird, will auch die Kunst der Orientierung in unserem Leben angefragt und ermutigt werden.

Vom Bild der Kajüte zurück zu unserem Zelt und seiner Verankerung und Befestigung: Im Recht gipfelt und gründet gleichsam der Bau unseres Lebenszeltes

— und gleichzeitig ermöglicht es diesen erst: In der Haltung mir gegenüber werden Halt, Schutz und Raum zu mehr als nur einem Schutzraum, der mich vor einem feindlichen Leben bewahrt, und Zuwendung, Zeit und Nähe geraten nicht zur Forderung, mein Recht zu erleisten und gut genug zu werden, sondern werden zu einer Einladung, in mir zu entdecken, wohin es mich zieht und was mein Weg ist. Es kommt immer auf das „Wie" an: Es ist die auf mein Wohl bedachte und bis in die Stimme hinein spürbare Haltung des Gegenübers, also von Menschen, die dieses Recht selbst leben und die mich damit berechtigen, sein zu dürfen, wie ich bin. Sie gibt mir den inneren Halt, auch allein dazu zu stehen und meinen Weg zu gehen.

Wollen, Glauben und Lieben

Wer dieses Recht spürt und sich über den eigenen erfahrenen Wert von Werten berühren und ansprechen lassen kann, in dem erwacht Wille, Wille zum sinnvollen Leben. Wie Glauben und Lieben können wir Wollen nicht willentlich produzieren. Das Gemeinsame an diesen Fähigkeiten ist die Antwort — sie beruhen auf unserem dialogischen Wesen. Ich kann nicht die Stirn in Falten legen, tief einatmen, die Fäuste ballen und mich zwingen, zu wollen. Genauso wenig, wie ich mich zwingen kann zu lieben, und erst recht nicht, zu

133

glauben. Diese Fähigkeiten setzen voraus, dass ich etwas erlebt und erfahren habe, auf das ich antworte.

Die Gebote Gottes, die Moses seinem Volk übermittelte sind grammatisch gesehen keine Befehlsformen. Sie lassen sich aus dem Hebräischen mit derselben Berechtigung als Aussagen übersetzen, die in die Zukunft weisen. Aus dem „du sollst" wird ein „du wirst": Du wirst deinen Nächsten lieben, wie du dich selbst liebst. Du wirst nicht lügen. Du wirst den Feiertag feiern. Du wirst das Eigentum deines Nächsten achten, weil du seinen Wert achtest. Das alles wirst du, wenn du begreifst, wie sehr du geliebt wirst. Dann wirst du Gott von ganzem Herzen lieben. Begreifen kann ich erst, was ich spüre. Wie kostbar ich einem Freund bin, spüre ich an seiner Bereitschaft, mit dem eigenen Leben für mich einzustehen.

Wer das erfährt, den beginnt es auch bei anderen zu schmerzen, wenn dieser Wert missachtet wird. Der Wert meines Nächsten wird mir nur über den eigenen Wert zugänglich. Das schützt auch vor der unsäglich anstrengenden Verwechslung, den eigenen Wert im Mitmenschen suchen und erleisten zu müssen. Ich kann meinem Mitmenschen nur den Raum geben, den ich mir zunächst auch selbst geben kann. Den anderen zu achten, beruht auf meiner Selbstachtung — den Nächsten statt mich selbst zu lieben ist Selbsttäuschung und führt zur allgemeinen Enttäuschung. Aber

134

mich selbst kann ich nicht lieben, ohne diese Liebe erfahren zu haben.

Gleiches gilt für das Wollen. Nur dort, wo mich Wertvolles anspricht, berührt, anzieht und in Bewegung setzt, wird auch mein Wille entfacht. Der Wille unterscheidet sich vom Wunsch darin, dass er auch bereit ist, den Weg zu gehen und die Mühe auf sich zu nehmen. Ich kann von einem Sonnenaufgang auf einem Gipfel träumen und ihn mir wünschen. Um ihn zu erleben muss ich jedoch gewillt sein, sehr früh das warme Bett zu verlassen und auf den Berg zu steigen. Der Wunsch ist noch nicht bereit, den Weg zu gehen. Der Wille ist dagegen eine so starke, so überzeugende und so persönliche Antwort auf einen Wert, der mich anspricht, dass ich Einiges in Kauf nehme, um auf ihn zuzugehen. Wille entsteht, wo Werte erfahren werden. Aus diesem Angesprochen-Sein durch Wertvolles wird die Kraft freigesetzt, sich auf den Weg zu machen — auch wenn es nicht angenehm ist. Das Gute ist nicht immer angenehm, aber erst auf etwas Gutes und Wertvolles zuzugehen, läßt mich mein Leben als sinnvoll erfahren.

Bei der Befestigung meines Lebenszeltes geht es also um das Recht, so sein zu dürfen, wie ich bin. Es geht um die Berechtigung, auf mich zu hören und mein Gewissen zu befragen. So kann ich mich selbst einschätzen, mich positionieren und identifizieren. Dieses Recht wird mir vermittelt durch erfahrene Beachtung und Wertschätzung, sonst werde ich den einzigartigen Wert meiner Stimme nicht spüren und ihr auch keine Beachtung schenken. Ich kann mir selbst nur in dem Maße wohlmeinend und respektvoll gegenübertreten, als ich ein Gegenüber erlebt habe, das mir so begegnet ist und mich angefragt hat. Das so erfahrene Recht befähigt mich, meinen Selbstwert so ernst zu nehmen, dass ich dazu stehen kann. Erst dann kann ich auch Stellung beziehen, mich abgrenzen und sagen, was nicht Meines ist, ohne andere abzuwerten.

Ein Leben in Übereinstimmung mit mir selbst macht mich authentisch und glaubhaft, verleiht mir persönliche Autorität, ohne darauf bestehen zu müssen. Es befähigt mich aber auch zur Muße, gut mit mir allein sein zu können — und zu echter Reue, die am eigenen Wert den Schmerz spürt, wenn ich dem Wert des anderen etwas schuldig bleibe. Ohne Reue kein Verzeihen und ohne Verzeihen bleibt der Graben der Missachtung, des uneingestandenen Unrechts, der Ungerechtigkeit: Es bleibt die Last des Vorwurfs, den ich mir auch selbst aufbürde. Verzeihen kann nicht, wer Verzeihung nie erfahren hat, aber erst, wer Verzeihung manchmal nötig hat, kann auch verstehen und trösten. Erst wer trösten kann, kann über das Verzeihen hinaus noch vergeben und vergessen wollen.

War bisher mehr von der Stimme und vom Hören, vom Berührt- und Gehalten-Werden die Rede, so spielt im Befestigen unseres Lebenszeltes auch unser zuletzt

136

entwickeltes Sinnesorgan, das Auge, eine wichtige Rolle. Wo Augenkontakt möglich ist, laufen die Kommunikationszyklen zwischen Kleinkind und Mutter vorrangig über die linke Gesichtshälfte. Es geht um sehen und gesehen werden. Schon sprachlich schlägt sich nieder, wieviel Vermittlung und Erfahrung unseres Grundrechts gerade im Auge ihre sinnbildliche Entsprechung finden.

Hier wird die Bedeutung des „leuchtenden Angesichts über uns" aus dem Aaronitischen Segen wieder spürbar, dem Ursprung unserer Person. Wer dieses Leuchten erfahren hat, weiß vom eigenen Licht und dem seines Mitmenschen. Wir beginnen wesentlich zu sehen und Mensch und Schöpfung in ihrem auf keinen Nutzen eingeschränkten Eigenwert zu erkennen. Dieses Recht folgt keiner Brauchbarkeit für Wirtschaft oder Politik und ist nicht auf Mehrheitsbeschluss veränderbar. Anderen dieses Geburtsrecht einzuschränken oder gar abzusprechen, heißt an dem Ast zu sägen, auf dem ich selbst sitze — auf einem Baum, den wir nicht gepflanzt haben.

Bevor wir uns der letzten „Errichtungsphase" unseres Zeltes zuwenden, möchte ich versuchen, mit einem Modell noch einmal vor Augen zu führen, wovon in diesem Abschnitt die Rede war. Mit dem dargebotenen Werkzeug zur Befestigung soll dann als Beispiel anhand zweier sehr menschlicher Gefühle, Wut und

Traurigkeit, ganz praktisch ein Stück Boden abgesteckt und eingenommen werden.

Modell

Wie jede Abstraktion reicht dieses Modell nicht an die Wirklichkeit heran, aber es kann helfen, einige häufig verwendete und oft unklare Begriffe auseinanderzuhalten, um verständlicher zu machen, wie sie hier gemeint sind. Es soll das Bild vom Kapitän, seinem Schiff, seiner Crew und seiner Kajüte noch einmal klären.

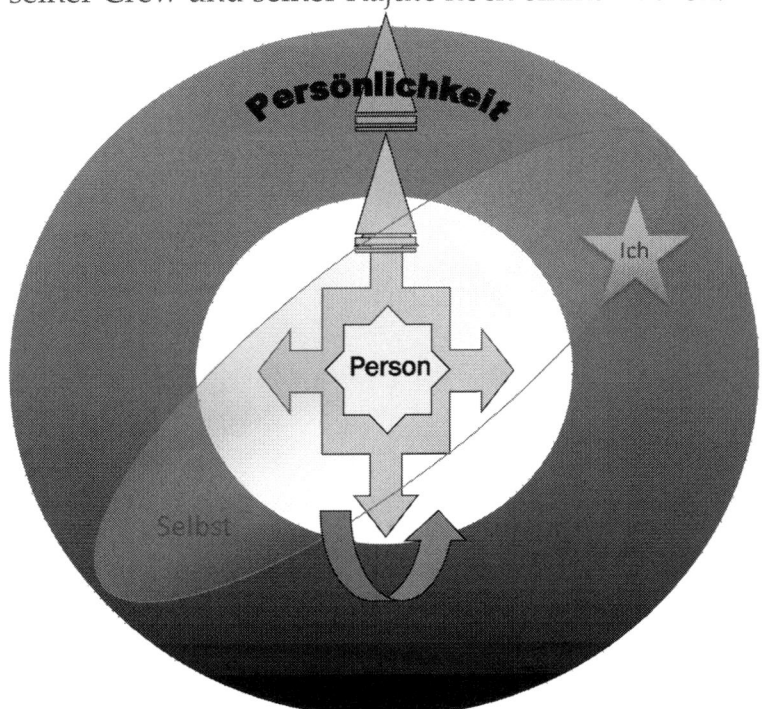

Abbildung 1: Person - Persönlichkeit

138

Es geht um die Begriffe „Ich", „Selbst", „Person" und „Persönlichkeit".

In der Mitte dieses Modells steht die „Person": Das Einzigartige, das Unteilbare oder „In-dividuelle", das Wesen, der Gedanke Gottes, die Perle, das große Geheimnis. Dieses Geheimnis ist nicht einmal uns selbst zugänglich oder bewusst. Aber es wird in diese Welt hineingesprochen, hineingeboren, mit einer die Welt verändernden Kraft sich zu verwirklichen und zu werden.

Die Kraft, das Potential dieses individuellen Wesens kann ermutigt und gefördert werden, aber es stößt auch auf unzählige Hindernisse. Die Person ist angewiesen darauf, angesprochen zu werden, um sich zu entfalten. Daher auch der Name: Es muss etwas zu ihr durch-tönen (per-sonare), damit in dieser Welt ihre einzigartige Stimme wider-hallt und hörbar wird. Das ist das dialogische Prinzip, das der menschlichen Entwicklung zugrunde liegt. Wir sind — im Vergleich zum Tierreich — schon körperlich in besonderem Maße darauf angewiesen und das gilt erst recht für unsere seelische Entwicklung.

Wir brauchen ein Umfeld, das sich uns zuwendet, uns Nähe schenkt, sich für uns interessiert und uns fördert. Ein Umfeld, das auf unsere Antwort wartet. Leider stoßen wir genau hier aber allzu oft auf Mauern und jeder und jede von uns hat eine eigene leidvolle Geschichte damit, nicht wahrgenommen zu werden.

Dort, wo unsere Person auf dieses Umfeld trifft, das uns fördern und ermutigen, aber auch hindern kann — wobei sie uns bestenfalls auch ermutigen kann, Hindernisse zu überwinden und an ihnen zu wachsen — dort in diesem Bereich bildet sich die Persönlichkeit.

Im Unterschied zur Person, die immer unverwechselbar und einzigartig ist, kann die Persönlichkeit sich von einem Menschen zum anderen in Grundzügen gleichen. Das liegt wohl daran, dass die Hindernisse sich gleichen und an ihnen sich gleichartige Verhaltensmuster des Schutzes und der Verteidigung oder der Flucht ausbilden. Daran knüpfen sich dann auch besondere Anliegen, Sensibilitäten und Stärken, weil etwa angesichts einer Bedrohung ein besonderer Blick sich geschärft hat. Als dialogische Wesen können wir diese Muster auch von unserem prägenden Umfeld teilweise übernehmen und „erben".

Zu jeder Persönlichkeit gehören Bereiche, in der Entwicklung gefördert wurde, wo gleichsam die Persönlichkeit durchsichtig wird auf die Person hin. Hier leuchtet etwas Einzigartiges auf und wir sprechen von „einer echten" Persönlichkeit. Aber es gibt immer auch „Schattenbereiche" unserer Persönlichkeit, wo wir spontan auf alte Hindernisse reagieren und versuchen, uns davor zu schützen. Das ist uns oft gar nicht bewusst, besonders, wo Erlebnisse weit zurückliegen, die dazu geführt haben. Das kann uns so selbstverständlich sein, dass wir uns über andere wundern, die mit der gleichen Situation ganz anders umgehen. Andererseits wirken solche Schattenbereiche auf den anderen immer unverhältnismäßig und können dem Verständnis und der Kommunikation zunächst im Weg stehen. Die Persönlichkeit ist das, was der andere zunächst von uns zu Gesicht bekommt. Je weniger wir aber gerade in diesem Schattenbereich auf Verständnis stoßen, desto mehr fühlen wir uns in unseren alten — teilweise unbewussten — Ängsten bestätigt und halten die alten Schutzmechanismen aufrecht, auch wenn sie für die Situation nicht mehr passen: Das kann ein unseliger Teufelskreis sein, der andere befremdet und uns zunehmend auf uns zurückwirft, unsere Person an ihrer Entfaltung hindert und nicht zum anderen durchdringen lässt.

Sich schützen zu müssen, auch wo keine Gefahr mehr droht, kostet natürlich Kraft. Je mehr wir unsere Kraft in solche Schattenbereiche unserer Persönlichkeit investieren „müssen", weil es ursprünglich gefühlsmäßig immer um das Überleben ging, desto weniger kann sie dem Leben und unserer Verwirklichung dienen. Darum geht es in einer Therapie immer auch um neue und freiwerdende Energie. Dort, wo wir endlich die Ruder zur Seite legen können, mit denen wir gegen die beängstigende Strömung angekämpft haben, weil es uns gelingt, unsere Segel in den Wind zu stellen.

Die Gleichartigkeit von Persönlichkeiten erlaubt es uns auch, sie in Typologien, in Typen einzuteilen. In der Antike nahm man an, dass hier gewisse Körpersäfte oder „Humores" eine Rolle spielten und unterschied vier Grundtypen: Choleriker, Melancholiker, Phlegmatiker und Sanguiniker. Die populärsten Einteilungsversuche stammen wohl aus der Astrologie und ordnen dem Sternzeichen der Geburtsstunde charakteristische Eigenschaften zu. Bis zum umstrittenen Versuch Ernst Kretschmers, beim sogenannten Leptosomen, Pykniker und Athletiker einen Zusammenhang zwischen dem Körperbau und den jeweiligen Charaktertypen mit Tendenzen zu charakteristischen psychischen Anfälligkeiten herzustellen. Die Einteilung C. G. Jungs nach vier psychischen Grundfunktionen — Denken, Fühlen, Intuieren und Empfinden — wird gerne Persönlichkeits-Tests im Rahmen von Unternehmensberatung zugrunde gelegt, um etwa die Stärken einzelner Teammitglieder herauszufinden. Eine aus dem Sufismus des 6. Jahrhunderts stammende und weitgehend mündlich überlieferte Einteilung in neun Grundzüge, das Enneagramm, ist erst seit den 70er Jahren wieder auf großes Interesse gestoßen.

Da wir Grundzüge unserer Persönlichkeit auch ererbt haben, können uns solche Einteilungen natürlich helfen, gewisse Züge an uns zu entdecken und besser zu verstehen. Wir sollten sie nur nicht verwechseln mit dem, was sich einzigartig dahinter verbirgt und meinen, man würde schon kennen, was man einteilen kann. Sie sagen uns auch noch nichts über die mögliche Entstehung und Entwicklung solcher Züge aus der eigenen Geschichte. Typologien können aber dem Verständnis dienen und den Umgang miteinander erleichtern, um uns dem eigentlichen Geheimnis anzunähern.

Das Ich ist in diesem Bild so etwas wie eine Taschenlampe, mit dem ich von innen und außen empfangene Signale und Informationen momentan bewusst beleuchten, mit Vorerfahrungen abgleichen und reflektieren und zu einer Entscheidung führen kann — oder auch nicht. Es ist die Instanz, die das, was ich da erlebe, als zu mir gehörig identifiziert. Der Lichtkegel dieser Lampe kann wiederum je nach Entwicklung und Förderung stärker sein und klarer strukturieren und konturieren oder schwächer sein mit eher verschwommenen Grenzen.

Alles, was ich einmal als mir zugehörig identifiziert habe, alles, was dieser Lichtkegel einmal erfasst hat, gehört in den Raum des Selbst, auch wenn es bereits in Vergessenheit geraten ist oder verdrängt wurde. Das Selbst ist also der Raum, in dem das Ich sich bewegt. Bewegt aber wird es immer von innen, von der Person her, von der auch das Licht kommt, und in Antwort darauf, was ihm von außen widerfährt. Person möchte sich in diese Welt hinein aussprechen, entfalten und verwirklichen. Sie ist, was uns am tiefsten bewegt, wie der Wind, der in unsere Seelensegel bläst und gleichzeitig, wo unser Gewissen es uns eröffnet, die Richtung weist.

Petrus (Joh. 15,15-18 und 25-27; 21,15-18)

Gerade in eine alte, vielleicht zur Überdrüssigkeit bekannte Geschichte, ist es wichtig, wieder hineinzufinden. Um zu verstehen, ist es wichtig sich einzufühlen. Einfühlen bedeutet sich dem auszusetzen, was den anderen von innen in Bewegung setzt. Das gilt auch für Begegnungen in der Bibel. Vielleicht erleichtern die bisherigen Stationen ein wenig, sich auf die Begegnung mit Petrus einzulassen.

Welchen unmittelbaren Eindruck haben wir von diesem Mann, den wir aus verschiedenen Geschichten kennen? Es ist jemand, der auf den ersten Blick noch wenig in sich ruht. Ein Mann, der hin- und hergerissen scheint. Ein Mann überschwänglicher, gegensätzlicher Reaktionen. Ein Mann, der es gut versteht, sich in Szene zu setzen und meistens der Erste ist, der sich zu Wort meldet.

Auch nach jener stürmischen Nacht, in der Jesus sich auf einen Berg zurückgezogen hatte und seinen Jüngern am frühen Morgen über den See entgegenkommt (Mt.14,22-33), meldet sich Petrus als Erster. Auf die Aufforderung von Jesus springt er scheinbar todesmutig tatsächlich aus dem Boot, nur um nach wenigen Schritten aus Angst zu versinken.

Auf dem Berg der Verklärung (Mt. 17,1-9; Mk 9,2-13; Luk 9,28-36) vor Mose und Elia hat er wieder einmal als erster den Mund offen und möchte gar nicht mehr weg, will Zelte (Matthäus sagt: „Hütten") bauen und sich häuslich niederlassen. Markus kommentiert diese unvermittelte Wortmeldung mit der Bemerkung: „Er wusste nämlich nicht, was er sagen sollte, denn sie waren voller Furcht". (Mk 9,6)

Bei der Fußwaschung (Jo.13,6-10) ist er zunächst der Demütig-Unwürdige, der es nicht wert ist, dass ihm die Füße gewaschen werden – und will nach der Erklärung von Jesus aber gleich ein halbes Bad (Hände und Haupt). Als würde er registrieren, was im Moment opportun ist, was beeindrucken könnte, um dann sofort in diesem Sinne zu agieren; aber scheinbar unbesonnen, reflexionslos, ohne eigene Zustimmung, – als ob eine innere Verankerung fehlt.

Verleugnung

Wenig später beteuert Petrus seinem Herrn (Jo. 13,37-38): „...mein Leben will ich für dich lassen!" und diesmal sagt ihm Jesus auf den Kopf zu: „...noch ehe der Hahn kräht, wirst du mich dreimal verleugnen."

In diesem Zusammenhang steht eine eigenartige Bemerkung Jesu, von der uns Lukas berichtet (Luk. 22,32), wo er seinem „prominentesten" Jünger Petrus, der inzwischen drei Jahre mit ihm durch Dick und Dünn gegangen ist, mit den Worten zurechtweist:

145

„Wenn du einst wieder Grund unter den Füßen hast und dich mir wieder anvertraust, dann hilf auch deinen Brüdern zu festem Glauben" (Übertragung von Jörg Zink). Als hätte Petrus das noch nicht begriffen. Als würde Jesus hinter diese ersten, spontanen Reaktionen blicken: Er kennt das Herz seines Freundes — besser als Petrus selbst.

Für mich entsteht der Eindruck von einem Mann mit wenig Selbstbegegnung. In seiner Bedürftigkeit schmeißt er sich an den bewunderten Meister und Freund, meint sich an ihm zu spüren, nimmt dabei aber seine eigenen Grenzen nicht wahr. Er wagt den nachdenklichen Blick nicht auf sich selbst und kann darum das Erlebte kaum bergen und daran wachsen. Es fehlt der Schritt der Selbstdistanzierung, die Fähigkeit, sich selbst zu relativieren und einigermaßen richtig einzuschätzen — und in der Annahme vielleicht auch ein wenig über sich lachen zu können.

Er ist meist der Erste, der Lauteste, kann Dinge sofort erfassen, zum Ausdruck bringen und in Bewegung setzen. Er ist ein sehr begabter Mann, eine schillernde Persönlichkeit, aber innerlich ist ihm seine Bedürftigkeit selbst nicht bewusst. Er möchte ihr nicht begegnen. Eigentlich braucht er niemand, weil er alles können muss. Er meint alle Bedingungen erfüllen zu können – und ist darum von der Bedingungslosigkeit der Annahme durch seinen geliebten Herrn und Freund noch nicht getroffen – geschweige denn fähig, sich auf

146

diesen Boden zu stellen. Aber erst auf diesem Boden, gestützt und gehalten durch die unbedingte Annahme des Freundes könnte sich der Innenraum aufspannen, in dem er in Ruhe bei sich sein, sich annehmen, sich abgrenzen, sich anderen gegenüber wirklich öffnen und wachsen könnte.

Wenn wir uns nun für einen Moment in diesen Mann hineinversetzen, in diese Persönlichkeit, die so sehnsüchtig um Anerkennung ringt und alles dafür tun würde: In jemanden, der sich selbst kaum kennt, weil er — bei aller bemühten Imposanz — sich unsicher ist und sich wahrscheinlich selbst ein wenig verachtet — in der nicht eingestandenen Angst, dass diese Verachtung berechtigt sein könnte — und eben darum immer der Erste und Lauteste sein muss, um ja vorzukommen und gehört zu werden. Wenn wir uns also so in ihn hineinversetzen, wie würde es uns gehen, wenn wir an diesem frühen Morgen diesen Mistvogel krähen hören?

Der Hahn, der ihn daran erinnert, was sein bester Freund ihm vor Kurzem gesagt hat.

Es bricht auf ihn ein:

Absolutes Versagen: Ich habe bei der ersten Gelegenheit meinen besten Freund verraten, für den ich mein Leben geben wollte.

Bodenlose Ent-täuschung: Er kann der Täuschung über sich selbst nicht mehr ausweichen, kann sich selbst nichts mehr vormachen. Es ist wie die

147

Bestätigung seiner tiefsten, uneingestandenen Angst, die Angst vor der eigenen Wertlosigkeit.

Anfangs war es vielleicht nur, um dem Spott auszuweichen. Aber spätestens beim Wärmen am Feuer überkommt ihn die blanke Angst vor dem Ausgestoßen-Werden, vor der Verurteilung, die eigene Feigheit.

Und dann die tiefste Verzweiflung vernichtender Einsamkeit, als das dritte Krähen verklungen ist: Der Abgrund der eigenen Unfähigkeit, die ganze Hölle der Selbstverdammung. Es bleibt ein gebrochener, gänzlich unwürdiger Mann. Was bin ich nur für ein…?

Ostern, das leere Grab geht wahrscheinlich schmerzvoll und wie betäubend an ihm vorbei. Der ersten Freude folgt sofort die Scham: Selbst wenn Jesus noch lebt, was kann er mit mir noch wollen? Ich habe ihn in seiner dunkelsten Stunde allein gelassen und verraten. Was soll dieses Leben noch mit allem, woran ich geglaubt habe, wenn niemand, ja wenn ich mir selbst nicht trauen kann?

Und dort bleibt Petrus — wahrscheinlich einige Wochen. Jeder neue Tag wie das Erwachen in einen grauen Alptraum, sobald er sich erinnert. Das Leben geht zwar weiter, aber irgendwie bedeutungslos, ohne Perspektive. Ich sehe ihn in gebückter Haltung, mit schweren Schritten sein Tagwerk tun. Seinen Freunden scheint er auszuweichen, will keinem mehr so recht in die Augen schauen.

Bis zu jenem Morgen: Ein Dämmern am Horizont lässt den kommenden Tag erahnen: „Da es Morgen war, stand Jesus am Ufer"[8] (Jo.21,4) erzählt uns Johannes.

Der Herr, der da morgens schon am Ufer wartet, ist nicht abgehoben, vergeistigt, entrückt. Er weiß genau, dass die Wasseroberfläche wie ein Lautsprecher wirkt und könnte eine beeindruckende, donnernde Begrüßungsrede halten. Er könnte alles Mögliche machen. Stattdessen sorgt er sich ums Frühstück, um das Leibliche, weil dort das Leben beginnt. Er holt sie ab, zeigt ihnen — wie schon einmal —, wo sie die Netze auswerfen sollen – und wird erkannt. Petrus zieht den Gurt enger und wirft sich in altem Ungestüm in das Wasser, seinem Freund entgegen. — Aber mit dem kalten Nass kommt wieder die Erinnerung, die Scham...

Und was macht der Herr des Universums? Er macht Frühstück. Er weiß genau: Mit einem hungrigen Mann kann man nicht reden.

Begegnung (Joh 21,15-17)

„Als sie gegessen hatten, wandte sich Jesus an Simon Petrus: Simon, Sohn des Johannes, liebst du mich mehr als die anderen? Ja Herr, antwortete der, du weißt, dass ich dich liebhabe. Da fügte Jesus hinzu: Dann sorge für meine Lämmer. Zum weitenmal fragte er ihn: Simon, Sohn des Johannes, hast du mich lieb? Ja, Herr, antwortete Petrus, du weißt, dass ich dich liebhabe. Jesus setzte hinzu: Dann sorge für meine Schafe. Aber Jesus fragte ihn noch ein drittes Mal: Simon, Sohn des Johannes, hast du mich lieb? Da wurde Petrus traurig, weil Jesus zum dritten mal fragte: Hast du mich lieb? So antwortete er: Herr, du weißt alles, du weißt, dass ich dich liebhabe. Jesus fuhr fort: Dann sorge für meine Schafe."

Wir wissen nicht, wie gut Petrus der Fisch geschmeckt hat an diesem Morgen. Aber da ist wieder das Feuer, dieses Kohlenfeuer – und ihm gegenüber der, für den er gelebt und den er dreimal verleugnet hat. Jesus holt ihn genau dort wieder ab, indem er ihn dreimal fragt. Und er sieht Petrus dort sitzen, beschämt, lustlos an seinen letzten Bissen kauend. Und Petrus hört nur die Stimme.

„Simon, liebst du mich?" – Ich kann es mir vorstellen: Ein ungeheurer, brennender Schmerz, der Blick gesenkt. Erst nach dem zweiten Anruf der sanften, so geliebten Stimme, die ihm durch Mark und Bein fährt, wagt Petrus aufzuschauen — und sieht direkt in diese Augen: In ihnen liegt die ganze, unendliche, unergründliche Liebe des Vaters, der ihn unverwechselbar bei seinem Namen ruft, der das ganze Universum aus dem Nichts herausgeliebt und herausgerufen hat in das Sein, und der dich und mich mit Petrus aus dem Chaos bodenloser, hilfloser Verstrickung in unser wahres Person-Sein, in unsere Identität hineinruft. Wollte Gott, wir könnten nur für eine Minute in diese

Augen schauen: Dieser Schmerz, mit dem das Leben wie wärmende Sonne auf erfrorene Glieder trifft, sitzt tief und brennt. Es tut zu weh, um leichtfertig zu antworten; die Gnade ist hart, sie beißt. Es tut weh, so geliebt zu werden, weil ich nur so schmerzhaft spüren kann, wo ich dieser Liebe und dem Leben nicht entsprochen habe. Keine Androhung von Strafe, kein Wort des Vorwurfs kann so tief dringen und den eigenen Willen zur Änderung, zu mehr Leben bewirken.

Ich sehe Petrus, dem die Tränen in die Augen steigen: „...Herr, lieber Herr, du weißt, dass ich dich liebe..." Und dann erst beginnt die Unbegreiflichkeit der Antwort einzusickern, spürbar zu werden: „Weide meine Schafe". — Welches Zutrauen, welcher unglaubliche Respekt!

Jetzt, mein lieber Freund, jetzt beginnst du mich zu verstehen. Jetzt wirst du anfangen, mich so weiterzugeben, wie ich vor dir sitze. Jetzt kannst du meine Schafe weiden, weil du anfangen wirst, andere so anzuschauen, wie ich dich anschaue. Dein Schwert kannst du zu Hause lassen, weil du jetzt Menschen aus dem Meer der Verzweiflung und Einsamkeit fischen wirst. Du musst jetzt keine Feindbilder mehr projizieren, weil du weißt, dass der größte Feind im Schlachtfeld deines eigenen Herzens sitzt. Den Fremden in dir brauchst du in keinem Andersdenkenden, keinem Unbekannten, keiner anderen Kultur zu vernichten. Die Auseinandersetzung brauchst du nicht zu scheuen, denn ich bin bei dir und meine Augen lassen nicht von dir. Ich schaffe dir Boden, einen weiten Raum. Weide meine Schafe: Ich vertraue dir mein Herz an und alles, wofür es schlägt. Weide meine Schafe, denn du darfst jetzt endlich selbst ein Schaf sein und manchmal über dich lachen, weil du viel mehr für mich bist, mein Sohn, meine geliebte Tochter...

Und auch für Petrus geht die Sonne auf – er beginnt zu begreifen, den Boden zu betreten, wo er sich aufrichten, zu sich stehen, sich abgrenzen und in eben dem Maße sich öffnen kann zum anderen. Und an der unerwarteten Stelle beginnt das prophetische Wort Jesu sich zu erfüllen: „Und nun sage ich dir, wer du bist: Du bist Petrus, das heißt Fels. Auf diesem Felsen will ich meine Kirche bauen, und die Mächte der Hölle werden sie nicht überwältigen" (Mt 16,18). — Denn es gibt keine Hölle,[9] wo ich nicht schon war und auf dich warte und dich herausführe, wenn wir den Augenkontakt nicht verlieren.

Wo stehen wir heute? Er ruft uns in diese Begegnung hinein. Setzen wir uns doch mit Petrus an dieses Morgenfeuer vor dem Hintergrund eines viel gewaltigeren Tagesanbruchs, schauen wir in diese Augen, die uns mitten in unserer Begrenztheit den Boden bereiten, uns wieder aufrichten. Auf diesen Fels möchte Jesus Seine Kirche bauen, hier liegt der Schlüssel zu Seinem unbegrenzten Reich, zu dem wir als Seine Geschwister bereits gehören. Dort wo es am dunkelsten ist, braucht

es am meisten Licht. Dort, wo wir uns am meisten ver-
achten, können wir am tiefsten spüren, nicht abgewiesen zu werden — und es aus irgendeinem Grund wert
zu sein, dass da noch jemand bei uns bleibt. So können
und dürfen wir unsere Grenzen annehmen und werden eingeladen, sie zu erweitern, und hierher wollen
wir andere einladen. Aber ich bin immer nur Hinweis,
verlängerter Arm: In meinen Augen wird jemand
sichtbar, durch meine Stimme klingt jemand durch
(per-sonare), in meiner Anwesenheit wird jemand ge-
genwärtig, der erträgt, entlastet und Raum schafft, und
die zweite Meile begleitet uns jemand, wo wir miteinander den Weg suchen. Die letzte Erfahrung bedin-
gungsloser Liebe jedoch, die bis ins Innerste dringt, vor
der alles Dunkle, Falsche dahinschmilzt, die können
wir nur in der Begegnung mit Einem machen — und
das ist erst der Anfang!

Siehst du diese Augen, die dich kennen – du musst
nichts verstecken – und die dich lieben? Die Antwort
darauf ist das Geheimnis existentieller Verantwortung
für uns selbst, für den Wert des anderen und für eine
Welt, die wir unseren Kindern bewahren wollen.

Und dann schau in die Augen eines anderen und
wage es, dort dem Schlachtfeld deines eigenen Herzens zu begegnen, und du wirst mitfühlen. Vielleicht
musst du nicht mehr viel sagen. Vielleicht genügt es,
ein paar Fragen zu stellen, du brauchst die Antworten
nicht zu kennen — die gemeinsam empfundene Frage

153

miteinander auszuhalten ist schon viel — und viel mehr als alles, was du bist, wird durch dich zum anderen sprechen.

Öffnung — Wofür?

Wurde es uns über unsere sinnliche Erfahrung ermöglicht, unser Zelt zu errichten und „Stellung" zu nehmen, so tut sich in dieser letzten Phase der Be-sinnung die Frage auf, wofür. Je weniger wir mit dem Zeltbau selbst beschäftigt sind, desto freier können wir uns der Frage stellen, wofür wir es eigentlich einsetzen sollen. Gibt es da etwas, das wirklich Sinn macht für unser Leben?

Irgendwie — um im Bild zu bleiben — hat es mich an diesen Zeltplatz verschlagen, ich bin da, finde mich vor. Die Welt ist groß. Mein Zelt passt in meinen Rucksack: Wo soll ich damit hin? Wenn ich mein Zelt das nächste Mal öffne, welchen Boden möchte ich betreten, welches Land, welche Küste, welche Kultur entdecken?

Immer, wenn ich den Raum menschlicher Würde betrete und die Wahl habe, also wollen kann statt zu müssen, klopft das Leben mit der Frage an „wofür?" — und wartet auf meine Antwort.

Die Frage kann mich in jeder Situation des Lebens erreichen. Zur Antwort steht mir mein Gefühl, mein Gespür, mein Gewissen zur Verfügung und sie fordert meine Entscheidung und mein Handeln, mit dem ich mich zeige und etwas in dieser Welt bewirke. Aber in dieser Entscheidung, in diesem Tun geht es nicht mehr nur um mich, es geht um mehr: um etwas, wofür ich da sein, wofür ich mich einsetzen, an das ich mich hingeben kann und will.

Die Fähigkeit, Werte zu erspüren, ist wie ein Kompass, der mich einen sinn-vollen Weg herausfinden lässt, in dem er mich auf ein Ziel ausrichtet, für das es sich lohnt zu leben, auch wenn ich nur einen Beitrag leisten kann.

Für V. Frankl ist „der Weg zum Sinn mit Werten gepflastert". Auf Grund unterschiedlicher Zugangsweisen gab es für ihn im Wesentlichen drei „Hauptstraßen" zum Sinn: Die Straße der „Erlebniswerte": Gemeint ist alles, was ich an Schönem, Guten und Richtigen erfahren und woran ich mich freuen kann. Die Straße der „schöpferischen Werte": Auf diesem Weg wartet etwas, von mir in dieser Welt umgesetzt oder verwirklicht zu werden. Dazu muss ich kein Künstler oder Erfinder sein — auch eine Mahlzeit für jemanden zuzubereiten, der hungrig ist, gehört dazu. Die dritte und vielleicht bedeutendste Straße ist die der „Einstellungswerte": Diese Werte können sich nur angesichts unabänderlicher Bedingungen zeigen. Wo so ein Grund zum Leben aufleuchtet, kann ich, auch wo die Bedingungen kein Leben mehr zuzulassen scheinen — etwa bei der Diagnose einer tödlichen Krankheit — immer noch die Freiheit spüren, mich zu entscheiden, wie ich damit umgehe (Frankl, 1998 S. 81-83). Für den, der unbegrenzt Zeit hat, ist alles gleich gültig. Er kann zum Wesentlichen auch gelangen, indem er alles andere vorher ausprobiert. Erst für den, dessen Zeit begrenzt ist, stellt sich die Frage, womit sie zuerst gefüllt werden soll, weil eben nicht alles möglich ist. Erst angesichts eines Endes scheint sich also zu klären, was auch dann noch Bestand und Gültigkeit für mich hat, also endgültig ist. Wo der Eine resigniert hat, kann der Andere möglicherweise noch trösten: Er hat die Freiheit sich dafür zu entscheiden, weil es noch etwas gibt, wofür er da sein will, solange er kann. Das ist es auch, was einem inmitten widrigster Umstände die Kraft geben kann, sogar ein Konzentrationslager zu überleben. V. Frankl weist in diesem Zusammenhang auf jenes berühmte Wort Friedrich Nietsches: "Hat man sein w a - r u m ? des Lebens, so verträgt man sich fast mit jedem w i e ?" (Colli & Montinari, 1969, S. 54-55).

Wo ich auf diese Frage keine Antwort finde, kein Sinn sich eröffnet, wird mein Leben leer und frustrierend. Wo nichts wertvoll ist, wird alles gleich gültig und ich drohe bei jeder Entscheidung am Zweifel zu Verzweifeln, weil kein Weg als der Bessere oder Richtige erscheint. Ich kann nicht mehr zwischen Wichtigem und Unwichtigem unterscheiden, wo ich Wesentliches nicht spüre, und jede kleinste Wahl kann zur Qual werden, weil davon mein restliches Leben abhängen könnte. Ich verbringe mein Leben im Warteraum unendlicher Möglichkeiten und traue mich durch keine Türe zu gehen, weil jede die Falsche sein könnte. Umso drängender wird es dann, die nächste Party nicht zu versäumen, um in meinem Leben noch irgendwie vorzukommen, aber die Leere wird mich selbst am Ende eines Bunjee-Seiles noch einholen, wenn das Adrenalin verströmt ist.

Zur Antwort finde ich, wenn aus den angebotenen Möglichkeiten der Situation etwas bei mir anklingt und — jenseits von angenehm oder unangenehm — mit meinem Innersten überein-stimmt. Was ist gut daran? In welche Richtung weist es, um gut zu werden? Wenn es nur für mich gut ist und vielleicht anderen schadet, ist es dann wirklich gut? Hier wird auch der Unterschied spürbar zwischen Schaden und Schmerz zufügen. Nicht alles, was weh tut, schadet auch. Es geht darum herauszufinden, was hier insgesamt die beste Möglichkeit ist. Jedes Ja bedeutet auch ein Nein, das oft schmerzhaft sein kann. Bin ich bereit, den Weg zu gehen? Der Weg ist nichts für Perfektionisten, denn ich werde einige Umwege in Kauf nehmen müssen. Aber die Richtung klärt sich, auch wenn ich mich verfahren habe, wenn ich hinter dem angebotenen Wert jenen einzigartigen Wind, jenen unverkennbaren Duft spüre, der aus der unsichtbaren Heimat kommt und mich auf meinem Kurs in Richtung Heimat leitet. Es ist das Wiederfinden, das „Wieder-Anbinden" an diese Heimat, das dem Wort „Re-ligio" zugrunde liegt.

Sinn wird über unsere Sinn-lichkeit zugänglich. Getragen, berührt, gehört, gesehen, von innen bewegt —

am Körper wird der Geist spürbar, der in unser Seelensegel fährt, wenn wir uns darauf be-„sinnen".

Mein Zelt ist gebaut — wozu soll es mir dienen? So wichtig es ist, mich darin zurückziehen zu können und so gut es tut, mich darin wohlzufühlen — eigentlich ist es dazu da, immer wieder verlassen zu werden, um Neues zu entdecken. Damit wird ein Zelt sinnlos ohne Öffnung, ohne Reiseziel. Nur so kann ich heraustreten, um mit der Welt in Kontakt zu kommen.

Auch mein Lebenszelt ist auf Öffnung hin angelegt. Wer um sein Königreich weiß und gut bei sich sich sein, sich auch abgrenzen kann, der oder die kann und möchte sich zu anderen und zur Welt hin öffnen. Sich verlassen kann am mutigsten, wer sich auf sich verlassen kann. Wer selbst wohlmeinenden Besuchern Audienz gewähren und die anderen stehen lassen kann, ist bereit ohne Angst bei anderen anzuklopfen und seine Welt zu erweitern.

Aber was zieht mich eigentlich in die Fremde, was möchte ich entdecken? Kann es sein, dass ich mich zwar hier in meinem Zelt vorfinde, aber mich immer schon gefragt habe, woher ich eigentlich komme? Kann es sein, dass Fernweh und Heimweh mehr gemeinsam haben, als ich dachte und von derselben, unstillbaren Sehnsucht wie von einer Unterströmung getragen werden, die letztlich das gleiche Ziel hat? Was suche ich da, wenn nicht etwas, auf das alles, was mich bisher an Schönem, Gutem und Wahrem erreicht hat, lediglich ein Vorgeschmack ist, der mehr davon verspricht? Kann es wirklich sein, dass der Durst der beste Beweis für die Existenz von Wasser ist?

Wofür bin ich da? Was will ich verwirklichen? Welchen Möglichkeiten soll ich nachgehen? Ja: Wer fragt mich denn da überhaupt?

Bei der Frage, wann sich der Mensch am menschenwürdigsten, am erfülltesten erlebt, stoßen wir zunächst auf ein scheinbar widersprüchliches Phänomen: Ich begegne mir, gewinne mich, erfahre mich am Tiefsten dort, wo ich mich hingebe — an einen Menschen oder eine Sache.

Aus den Biographien großer Künstler kennen wir — bei aller Vielfältigkeit ihres Schaffens — die übereinstimmende Erfahrung des kreativen Prozesses als völlige Hingabe an etwas innerlich Geschautes oder Gehörtes, das auch anderen zugänglich gemacht werden soll. Übereinstimmend ist auch das Bangen davor, dass das Geschaute oder Gehörte einem für immer entgleitet, bevor es gebannt ist, oder dass man ihm nicht gerecht werden könnte. In diesem Bangen werden Kräfte frei, die den Künstler zu fast übermenschlicher Konzentration und Anstrengung befähigen. Genau diese kompromisslose Selbst-vergessenheit, der es um etwas anderes geht als mich, wird dabei erstaunlicherweise zur Gelegenheit intensivster existentieller Selbst-erfahrung. Wer sie einmal erlebt hat, sehnt sie herbei, und wo sie über längere Zeit fehlt, kann das in einen

Zustand depressiver Sinnlosigkeit stürzen. Es geht um das unerklärliche, paradoxe Phänomen, sich selbst in größtmöglicher Erlebnisdichte gerade dort in Empfang zu nehmen und zu spüren, wo vollständige Hingabe alle Aufmerksamkeit von sich selbst abzieht. Das Sich-Überschreiten auf einen anderen Menschen hin, der mir wichtiger wird als ich selbst, nennen wir Liebe. Wer jemals geliebt hat, kennt auch das Gefühl, vorher nicht gelebt zu haben.

Grundsätzlich wird unser inneres Wachstum stets mitbestimmt von einem kaum fassbaren aber erahnten Ziel. Wo dieses Ziel unserer Sicht entgleitet, unser Lebensgefühl nicht mehr geprägt ist von Hoffnung und Möglichkeit, verfallen wir der Sinnlosigkeit und Stagnation. Andererseits ist unsere Bewegung auf dieses Ziel zu stets verbunden mit einem Überschreiten bisheriger Grenzen.

Diese Wachstumserfahrung, alte Sicherheiten loszulassen und in die Ungewissheit hinauszutreten, hat zu tun mit diesem Überschreiten der eigenen Grenzen. Selbstfindung vollzieht sich paradoxerweise in der Selbstüberschreitung, bei der Vorläufiges um des Wertvoll-möglichen willen zurückgelassen und Sinn im eigenen Leben erfahren wird als Antwort auf die Frage: "Ich bin hier — wofür soll das gut sein?"

Wo wir Wirklichkeit auf Messbarkeit reduzieren, verblasst Leben zu „nichts als der Verschiebung von Elektronenwolken" — wie es mir einmal ein Genetiker an der Universität meinte erklären zu können. Mit dem Satz „cogito, ergo sum" hat R. Descartes festgestellt, dass die menschliche Fähigkeit, nach logischen Prinzipien zu denken, die einzige Möglichkeit sei, Wirklichkeit zu beschreiben, zu erfassen und zu verstehen. Daraus hat sich der Glaubenssatz in der Naturwissenschaft entwickelt, das es keine andere Wirklichkeit geben kann, als die, die von solchem Denken erfassbar und messbar ist. Das ist so als ob ich nur den Teil einer Höhle als wirklich anerkenne, der in den Lichtkegel meiner Taschenlampe passt.

Dieser Glaubenssatz, der gerade auch in der Psychologie immer bestimmender wird, hat zum mechanistischen Menschenmodell eines vermeintlich aufgeklärten Zeitalters geführt, in dem eine geistige Dimension nicht existieren darf, weil sie sich letztlich unserer Messbarkeit entzieht — auch wenn sie viele beschreibbare und messbare Phänomene begründen könnte.

Mit dem Fehlen dieser Dimension aber wurde unser Universum so entseelt und reduziert, dass wir auf Grund messbarer Bedingungen ohne mit der Wimper zu zucken unmenschliche Prognosen über ein Leben stellen und dessen Würde, Freiheit und Möglichkeit aus den Augen verlieren.

So stellte etwa ein Soziologieprofessor seinen Studenten folgenden Fall vor: Eine Arbeiterfrau aus ärmsten Verhältnissen. Ihr Mann hat Syphilis, sie hat Tuberkulose. Ihr erstes Kind wurde blind geboren, das zweite starb, das dritte war taub und das vierte hatte Tuberkulose. Sie sei das fünfte Mal schwanger und würde eine Abtreibung in Erwägung ziehen. — In Anbetracht der Umstände befand ein Großteil der Studenten das werdende Leben für weniger rettenswert, worauf der Professor nur kurz antwortete: "Sie haben soeben Ludwig van Beethoven abgetrieben."

Der Mensch vermag eben auch angesichts aussichtsloser Bedingungen in seinem Leben durch die Freiheit seiner Existenz Wertvolles zu verwirklichen, denn wer ein Warum zum Leben hat, der kann dem Wie ein Schnippchen schlagen; und weil das, was wir wissen noch nicht ausreicht, um das zu beurteilen und vorherzusagen, worüber wir nicht verfügen.

Menschliches Leben ist mehr als die Erhaltung eines Gleichgewichts

Beim Körper ist man gewohnt, von einem Modell des Gleichgewichts auszugehen. Alle Körperfunktionen dienen der Erhaltung dieses Gleichgewichts. Dieses homöostatische Modell lässt sich jedoch nicht einfach auf die seelische Entwicklung des Menschen übertragen: Hier scheint das spezifisch Menschliche, das Menschen-würdige, gerade darin zu liegen, ein einmal erreichtes Gleichgewicht zu durchbrechen.

Gehen wir einmal von der Vorstellung eines Schlaraffenlandes aus, wo körperliches Verlangen in dem

Moment erfüllt wird, in dem ich es empfinde. Wo mir also die köstlichsten Speisen in den Mund fliegen, sobald mir danach ist — bis hin zur unmittelbaren Befriedigung sexueller Bedürfnisse. Kann es sein, das mir über kurz oder lang etwas fehlen würde? Wo käme die Langeweile her und warum würde ich etwas tun wollen? Und was würde sich für mich und mein Leben lohnen zu tun? Auf diese Frage keine Antwort zu finden, würde mich wahrscheinlich auf Dauer so beschäftigen, dass mir der Appetit vergeht.

Reifen bedeutet unabhängig vom Altern nicht nur die Erhaltung einmal ins Gleichgewicht gebrachter innerer Kräfte, sondern versucht Grenzen zu erweitern und gibt sich mit dem Vorläufigen nicht zufrieden. Dazu ist etwas nötig, das mich über alle Reaktion auf Trieb- und Bedürfnisspannungen hinaus anspricht, anzieht und aktives, entschiedenes Handeln erfordert. Etwas also, dem ich entgegengehen will — sogar, wenn körperliche Bedürfnisse es mir erschweren. Diese Anziehungskraft aber geht immer von Werten aus. Stillstand und defensive Erhaltung eines Gleichgewichts ist geradezu ein Zeichen von verzögerter Entwicklung. Viktor Frankl vergleicht unser personales Wesen etwa mit dem Auge, dessen ganze komplizierte Struktur nur einen Sinn hat: Nicht sich selbst zu sehen, sondern alles wahrzunehmen, was vor ihm liegt. Sobald das Auge nur sich selbst — im Falle eines

Glaukoms die eigene Netzhaut — sieht, beginnt es zu erblinden und verliert seinen Sinn (Frankl, 1992, S. 170).

Die Fähigkeit zu selbstvergessener Hingabe an etwas ist demnach ein Zeichen von Gesundheit. Umgekehrt könnte man mit V.E. von Gebsattel sagen, dass die Ich-Verhaftung — und damit die Schwierigkeit der Selbstüberschreitung in der Öffnung zum Du — ein Grundmerkmal aller Neurosen und Psychosen ist, die sich nur durch den Grad der Entscheidungsfreiheit unterscheiden, den sie uns noch lassen (Gebsattel, 1954). Voraussetzung für die Selbsttranszendenz ist es, Vorgefundenes als Vorläufiges mit seinen Möglichkeiten zu erkennen und vermeintlich Sicheres loslassen zu können. Loslassen kann ich jedoch nur, was ich habe: was ich einmal angenommen habe. Denn erst, wo ich meinen Wert spüre, kann ich mich bewusst, frei-willig und mutig für etwas entscheiden, das so wertvoll ist, dass es durch mich wirklicher wird — und meinen ganzen Einsatz lohnt. Andernfalls könnte es Flucht bedeuten: Ich will nicht verwirklichen, sondern in der Ablehnung existentieller Verantwortung mich selbst loswerden und hergeben.

Je mehr ich mich bei der Frage nach dem Wofür in einer alles Leben umfassenden Weise gehalten und getragen weiß, desto häufiger kann dabei echter Humor aufblitzen.

F.T. von Vischer lässt den Humor: „Das ganz Endliche auf der Folie des ganzen Unendlichen auslegen" (Vischer, 1926, S.27). Umgekehrt könnte man sagen, Humor hat mit dem Durchschimmern des Ewigen durch die Folie des Vorläufigen zu tun. Gerade bei der Frage nach dem Wofür meines Lebens kann Endliches durchsichtig werden auf einen viel weiteren, ewigen Horizont. Was angesichts meines Endes noch gültig bleibt, weist auf diesen Horizont.

Der Blick auf das Wesentliche ermöglicht das befreiende und erlösende Auflachen angesichts der Überbewertung des Wichtigen, aber immer ohne abzuwerten. Hier vermag der Humor, was dem Witz, der Ironie, Satire, Parodie oder Karikatur oft nicht gelingt: Niemanden zu entwürdigen, sondern etwas von der Würde des Menschen mit einem befreienden Lachen zu klären.

Es ist lange her, dass das Osterlachen („risus paschalis") noch fixer Bestandteil unserer österlichen Liturgie war. Martin Luther verwendete zur Begründung eine mythologische Betrugstheorie: Darin wird der Böse als alles verschlingendes und vernichtendes Ungeheuer dargestellt, das am Höllenschlund auf die Sünder wartet und sie gierig verschlingt. — Das Böse kann ja nichts erschaffen — es kann nur das, was ist, verzerren und vernichten. — In seinem unersättlichen Hunger verschluckt es zwischen Karfreitag und Ostern auch den Sohn Gottes — und dann ist ihm so schlecht geworden, dass es alle wieder loswerden musste. Das ist eschatologischer Humor (Thielicke, 1974, S.74 f.).

Bei aller befreienden Klärung der Erkenntnis, ist zur Verwirklichung mein Wille notwendig. Aber um so zu wollen, muss ich gewollt sein. Die Würde menschlicher Selbstverwirklichung liegt in seiner Fähigkeit, zu wollen, aber diese Fähigkeit ist eine geweckte, letztlich geschenkte. Der Mensch kann sie nicht aus sich willentlich produzieren.

Diese Fähigkeit erlangt der Mensch durch Wertschätzung. Je mehr der Mensch um seinen Wert weiß, desto eher vermag er sich loszulassen, sich einzulassen, sich hinzugeben und desto fähiger wird er, zu wachsen. Er erkennt damit aber auch den Wert seiner Mitmenschen — und wird zum sozialen Menschen und zum verantwortlichen Mitglied einer Gemeinschaft.

Wer diesen eigenen Wert, den Wert seines Lebens spüren kann, wird wert-fühlig für das, was ihn umgibt. Es ist die Kunst, mit dem Herzen sehen zu lernen: Ich sehe das Baumhafte des Baums, das Berghafte, von dem der Berg kündet, die „Walheit" des Wals. Es ist ein Blick für das Wesentliche, der Menschen dort bewegt, wo das eigentlich Menschliche in ihnen erwacht und sie zu kreativen Bewahrern des Wahr-genommenen macht. Wir werden sehend für eine Wirklichkeit, die wir nicht manipulieren, nicht machen können, und die uns dennoch von allen Seiten umgibt. — Wir können nur mit ihr in Dialog treten, auf sie antworten und erfahren, dass es — mit allen diesen Dingen gemeinsam — gut ist, dass es uns gibt, weil wir — mit unserem eigentlichen Wert — uns gegeben sind, und hinter allen Schatten unsere Heimat liegt.

Wille entsteht durch Wertvolles, das mich anspricht und anzieht. Wo ich Werte wahrnehme, erwacht mein Wille. Wille drängt zur Tat und bewirkt damit Entfaltung, Wachstum und Verwirklichung meiner selbst, indem ich mich auf etwas oder jemanden hin überschreiten und loslassen kann. Wille bewirkt Entscheidung. Wählen und entscheiden zu können aber bedeutet Freiheit. Wo ich in Freiheit auf den Anspruch von Werten in meinem Leben antworte, beginne ich mein Leben zu ver-antworten. Erlebte Freiheit und Verantwortung aber ist tiefste und geheimnisvollste Würde der Person, ist sinnvolles, sinn-erfülltes und immer auch gemeinschaftliches Leben.

Zachäus (Luk 19, 1-10)

In dieser Geschichte geht es wieder um eine Begegnung, die ich jedem von uns wünsche.

„So zog Jesus nach Jericho ein (die Stadt, die unten in der Jordanebene liegt, ehe der Anstieg nach Jerusalem beginnt) und durchwanderte die Stadt. Dort lebte ein Mann namens Zachäus. Der war ein leitender

Beamter im römischen Zollwesen und war reich. Er wollte Jesus sehen und ihn kennenlernen, doch es war ihm unmöglich. Er stand in der Menge eingekeilt und sah nichts, denn er war klein. Da lief er den Leuten voraus und stieg auf einen Maulbeerbaum an der Straße, durch die Jesus kommen musste, um auf diese Weise etwas von ihm zu sehen. (Es geschah aber mehr, als er erwarten konnte:) Als Jesus an die Stelle kam, sah er ihn oben sitzen und rief ihn an: Zachäus, schnell! Komm herunter! Ich muss heute in deinem Hause Rast machen! Zachäus beeilte sich, herunterzukommen, nahm ihn auf, bewirtete ihn und freute sich. Als die anderen das sahen, protestierten sie: Das geht nicht! Er kann doch nicht bei einem Gesetzlosen, einem Ausbeuter einkehren! Zachäus aber sah Jesus ins Gesicht und sagte: Herr, die Hälfte meines Besitzes will ich den Armen geben. Und wenn ich jemanden betrogen habe, dann gebe ich ihm vierfachen Ersatz. Da antwortete Jesus: Heute ist ein Freudentag für dieses Haus! Heute hat Gott ein Wunder getan! Wer will sich ärgern? Gehört nicht auch dieser Mann zu uns? Zum heiligen Volk Gottes? Ich bin jedenfalls gekommen, die Menschen zu suchen und glücklich zu machen, um die sich keiner kümmert." (Übertragung nach Jörg Zink)

Unser erster Eindruck von Zachäus könnte sein: Irgendwie abstoßend, ein Verräter, der sein eigenes Volk ausbeutet, ein legaler Mafiosi mit zweifelhaftem Charakter, jemand der fremdes Geld abzweigt und damit spekuliert und sich bereichert. – Das gibt es heute auch.

Was für ein Unterschied zu dem armen Blinden, dessen Heilung dieser Geschichte unmittelbar vorausgeht. Das scheint Lukas uns zeigen zu wollen (etwas, das vielleicht viele Umstehende damals genauso empfunden haben): Der Blinde, das ist ja verständlich, der musste auch lange genug warten und entbehren. — Das wäre nur gerecht. Der hat es verdient. Aber dieser gemeine, korrupte Giftzwerg — und er muss nicht einmal warten, nicht einmal leiden...

Hier liegt für mich eine erste Botschaft, die ich aus dem Zusammenhang, in dem diese Begegnung steht, herauslese: Gottes Liebe kann man nicht verdienen, nicht erwerben. Sie ist immer Geschenk, sie ist bedingungslos, man kann sie nur empfangen und darauf antworten. — Ja, es ist fast ärgerlich, dass Gott die Latte so niedrig ansetzt. Ich meine: Jetzt bin ich aus christlichem Elternhaus, bin mein Leben lang in die Kirche gegangen, ja, ich habe mich sogar für meine Gemeinde engagiert — habe ich nicht ein Recht auf etwas Segen?! Es tut mir leid, hier enttäuschen zu müssen: Das ist nicht der Grund. Gottes Liebe kann man nicht verdienen, es klebt kein Preiszettel daran. Gott liebt uns nicht, weil wir irgendetwas für Ihn getan haben, wir sind liebenswert, weil Er alles für uns getan hat. Dass Er selbst sich uns geschenkt hat, darauf können wir nur antworten. Wenn wir uns also in einem Winkel unserer Seele immer noch auf einen Handel mit unserem Schöpfer einlassen wollen, ist es Zeit umzudenken.

Diese Einsicht ist beängstigend und zugleich befreiend: Beängstigend, weil ich gewohnte Sicherheiten loslassen muss, mit denen ich gelernt habe, meinen Wert zu erkaufen und mein Recht zu Sein zu erleisten. Befreiend, weil ich endlich aufhören kann, mich vor einem eifersüchtigen und rachsüchtigen himmlischen Boss und Handelsherren schützen zu müssen.

Welches Bild von Gott trage ich im tiefsten Herzen? Ist er einer, der kleine Kinder verhungern lässt? Wir lernen alle vom Konkreten zum Abstrakten und es ist kein Wunder, wenn wir da in den Himmel projizieren, was wir auf Erden manchmal erlebt haben. Oder kann ich langsam anfangen, mich auf einem Grund aufzurichten, um den ich nicht kämpfen muss, der nichts mit meiner Leistung zu tun hat: Der Herr des Universums, mein Schöpfer bürgt für meinen Wert. Der König aller Könige hat mir sein Reich zugestanden. Er hat in Seinem Sohn Sein Leben gegeben, damit ich das erfahren und daraus leben kann.

Hier ist also Zachäus — und er musste nicht einmal rufen, wie etwa der Blinde. Jesus geht direkt auf ihn zu. Wieder so ein Tiefschlag für Verdiener und alle die sagen: "Es war ja doch mein Gebet, ich hab' hart genug gearbeitet!" Das heißt nicht, dass wir nicht beten sollen, aber der große Unterschied liegt im Motiv: Bete

171

ich, weil ich meinem himmlischen Vater vertraue, oder weil ich Ihm im Grunde misstraue und Ihn von meinem Willen überzeugen muss.

Zachäus aber muss nicht einmal rufen. Bis zu diesem Zeitpunkt war er einfach nur neugierig, ein Zuschauer. Bevor wir jedoch allzu hart mit ihm ins Gericht gehen, versuchen wir uns in diesen Zachäus einmal hineinzuversetzen:

Was wir wissen ist: Ein kleiner Mann, der sich am Geld anderer auf gemeine Weise bereichert, in dem ein satter Batzen der eingehobenen Steuer in die eigene Tasche wandert. Darin hat sich die Welt wohl kaum verändert. Wie wird man so?

Geerbt hatte er sicherlich seine kleine Statur, aber etwas, was sich nicht erben lässt — für jeden Menschen aber ebenso lebensnotwendig ist wie ein gesunder Körper — ist die Liebe und Anerkennung der Menschen, in deren Gesellschaft wir hineingeboren werden. Es gibt ein Angewiesen-Sein auf Sicherheit, Zugehörigkeit, Anerkennung, Wertschätzung und Respekt, ohne dessen Beantwortung unser Lebenswille versiegt. Hierin sind wir von unserer Familie, unseren Mitmenschen abhängig, wir können es uns selbst als Kind nicht erfüllen. Jeder seelischen Störung liegt ein solches Liebesdefizit zugrunde und keiner von uns ist davon ausgenommen.

Wenn mir nun ein Leben lang Respekt versagt bleibt, weil ich immer wieder auf Spott und

Ablehnung stoße — etwa wegen meiner kleinen Statur — kann sich daraus ein übermächtiges Geltungsstreben und Ehrgeiz entwickeln, um doch noch zu der ersehnten Anerkennung zu kommen. Ich kann süchtig werden nach Macht als Ersatz für geschenkte Anerkennung.

Das Problem ist nur, dass dieser Ersatz nie mein Anliegen stillt. Der Respekt, den ich erhalte, ist immer verdient, gilt nie wirklich mir, sondern meiner Leistung oder meiner Macht. Statt froh zu werden, werde ich immer ängstlicher und einsamer, klammere mich immer mehr an das, was ich meine, tun zu müssen. Reichtum aber ist eine Form von Macht. Wie Macht ist Reichtum ein Instrument, dessen Wert sich ausschließlich danach richtet, wofür ich es einsetze.

Die ersten Menschen, die mich umgeben, und die Art und Weise, wie sie auf uns eingehen, prägen aber auch ganz entscheidend das Bild von Gott, dass sich in unseren Herzen formt. Gott selbst ist ja Mensch geworden, damit wir Seine Liebe wirklich verstehen und am eigenen Leib erfahren. Er ist in Seinem Sohn berührbar geworden, hat mit uns geweint und gelacht. Mensch zu werden ist nach wie vor der Königsweg, Seine Liebe weiterzugeben. So können Menschen aber auch die Züge Gottes für uns verzerren, obwohl wir alle Bibelstellen, die von Seiner Liebe künden auswendig können. Gefühlsmäßig lernen wir immer vom Konkreten zum Abstrakten.

Möglicherweise würden wir — wenn wir so aufwachsen wie Zachäus — uns sogar zu den besonders frommen zählen, die — wie er — ihre „Brandöpferchen" genau berechnen, pharisäisch alle Ordnungen einhalten und streng über andere richten, nur weil wir statt dem sehnsüchtig liebenden Vater, einen nie zufrieden zu stellenden, rachelüsternen, unbarmherzig richtenden Gott im Herzen tragen, der eher einem Mafia-Paten gleicht. Wenn ich jedoch mein Leben einem solch unbarmherzigen Tyrannen abringen muss, immer mit der Angst, dass er mich mit der nächsten falschen Bewegung zermalmt — und sowieso nur darauf wartet — , dann kann ich mir nichts mehr schenken lassen, dann muss ich mir holen, was ich kriegen kann, dann werde ich den Schmerzen anderer gegenüber gefühllos: Denn nur einem geliebten Kind, einem Kind, das seinen Wert kennt, wird es auch weh tun, wenn es einem anderen Schaden zufügt oder dessen Wert verletzt.

Ich weiß nicht, wie es Ihnen geht, aber vielleicht regt sich an dieser Stelle das erste Mal so etwas wie leises Mitgefühl in unserem Herzen. Dieser Giftzwerg tut uns plötzlich ein wenig leid. Wir haben uns die Zeit genommen, ihn zu verstehen und spüren an ihm die Kämpfe unseres eigenen Herzens. Ja, es gibt einen Zachäus in jedem von uns, ein verachtetes kleines Kind, das sich sein Recht da zu sein erst verdienen muss.

Zachäus war offensichtlich neugierig. Was hat ihn wohl an diesem Rabbi Jesus interessiert? Er hatte etwas, was Zachäus völlig fehlte: Die Leute mochten ihn, er war beliebt.

Dieser Jesus geht direkt auf ihn zu — und begibt sich in seine Schuld. Er schämt sich nicht, ihm seine menschlichen Bedürfnisse zu offenbaren: Eine Mahlzeit und ein Bett für die Nacht. Zachäus ist plötzlich privilegiert: Er kann Jesus etwas geben. Er, Zachäus, der unbeliebte, kleine Giftzwerg, wird in aller Öffentlichkeit um Gastfreundschaft gebeten — und zwar vom damals sehr populären Rabbi Jesus – und das völlig freiwillig. Etwas, was ihm in den letzten Jahren von keinem Mitmenschen widerfahren ist. Wer immer Jesus sein mochte, aber ihn als Gast zu haben, hieß sich mit ihm und seinem Wirken in Verbindung zu bringen — und das war zu diesem Zeitpunkt etwas, dass das ganze jüdische Volk zutiefst bewegte. Diese Verbindung, ja sogar Seine Freundschaft, wird nun Zachäus angeboten — und er hat nichts dafür getan. Es ist an keine Bedingungen gebunden.

Aber da ist noch etwas: Zachäus ist neugierig genug, auf einen Baum zu klettern und merkt plötzlich, dass ihn alle anstarren. Zum ersten mal wünscht er sich, noch kleiner zu sein und möchte sich am liebsten hinter einem Blatt verstecken. Er hört die Stimme Jesu, blinzelt hinter einem Ast hervor und sieht das erste

175

Mal in die Augen seines Herrn: Und was sind das für Augen....

Ich wiederhole es: In diesem Blick liegt die ganze Liebe des Vaters, der alles, was wir sehen, alles, was ist, aus dem Chaos herausgeliebt hat in das Sein — und dasselbe auch mit Zachäus, mit Dir und mit mir vorhat. — Es ist die Gewißheit, ganz angenommen zu sein. In einem Augenblick blitzt auf, wer und was er eigentlich war, ist und immer sein wird: Ein Königssohn. Das hat ihn noch nie jemand sehen und spüren lassen.

Zachäus führt Jesus zu seinem Haus — und noch etwas Merkwürdiges passiert: Etwas, das keiner, der Zachäus kannte, für möglich gehalten hätte. Lukas erzählt es uns ganz nüchtern in einem Satz: Der Zöllner zahlt seine Schulden vierfach zurück und verschenkt die Hälfte seines Besitzes. Was ist zwischen Vers 7 und 8 geschehen?

Versuchen wir uns die Situation vorzustellen: Lasst uns einen Augenblick mit unserem inneren Auge Zachäus folgen, wie er neben Jesus auf sein Haus zugeht. (Das Haus ist eines der ältesten Traumsymbole unseres Selbst: Mit dem Verstand im „Oberstübchen", den verschiedenen Lebensräumen wie Küche, Wohn- und Schlafzimmer und mit unserem „unbewußten" dunklen Keller). Zachäus fühlt sich das erste Mal wirklich geborgen, geliebt, angenommen — seltsam wohltuend und gleichzeitig ein bisschen schmerzhaft —

und gerade deshalb sieht er sein eigenes Haus plötzlich mit anderen Augen.

Die Fassade: Etwas zu üppig. — Wozu die neuesten römischen Verzierungen, wozu den ganzen lächerlichen Zierrat? Wen muss ich denn beeindrucken? Es ist eigentlich gar nicht besonders schön!

Das Wohnzimmer: Alles voller Statuen und Vasen, prunkvollste Möbel, in denen niemand sitzen möchte. — Kein Raum um zu leben, kein Raum für einen echten Freund: Zum ersten Mal muss er nicht beeindrucken, muss niemand anderer sein, nur er selbst, um mit einem Freund zu sein. Der ganze Plunder scheint ihn zu ersticken.

Die Küche: Seine Frau beim Kartoffelschälen — und er merkt das erste Mal, dass in jeder ihrer geübten ruhigen Bewegungen mehr echte liebende Hingabe steckt als in den so ausgefeilten, wohl durchdachten Reden der Pharisäer, die er sonst so bewunderte. Sein Blick ändert sich. Zachäus beginnt, wesentlich zu sehen — und sich zu verändern.

Das Schlafzimmer: Darüber redet man eigentlich nicht, aber langsam versteht er, was er zu wenig schenken konnte: Zärtlichkeit, die aus dem Herzen kommt. Er begreift, dass Sexualität auch etwas mit tiefer Wertschätzung, ja Liebe zu tun haben könnte — und da ist diese sanfte Wärme, die ihn von innen durchströmt.

Der Keller: Eigentlich hat er diese Tür schon lange nicht mehr geöffnet. In Schichten liegt der Putz schon darüber, aber beim Vorbeigehen riecht es immer noch leicht modrig. Und Jesus bleibt stehen und fragt: „Was ist da?" — „Nichts", sagt Zachäus, aber Jesus schaut ihn nur an und meint: „Doch, da ist etwas." — „Da geht es zum Keller", antwortet Zachäus. Darauf sein Freund: „Lass uns da hinunter gehen. Du brauchst keine Angst zu haben, du bist nicht mehr allein. Meinst du, da ist irgendetwas, das ich nicht schon kenne?" Der Putz wird aufgerissen, der Schlüssel ist schnell gefunden. Die Türe knarrt in rostigen Scharnieren und ein muffiger Geruch kommt ihnen entgegen. Sie gehen die Stiege hinunter, es wird immer finsterer. Vor ihnen liegen die ganzen alten Kisten, deren Inhalt der Shredder nicht vernichten konnte. Jesus setzt sich auf die größte Kiste und sagt: „Erzähl…" — Und für die Seele von Zachäus schiebt sich der Stein vom Grab, die Augen füllen sich mit Tränen, und die Welt beginnt sich zu verändern.

Zachäus beginnt aufzuräumen, er beginnt Raum zu schaffen für sein Leben.

Möge Er auch in Dein Haus eintreten, und möge Seine Gegenwart Dir das Leben eröffnen und Dich sehend machen mit dem Herzen!

ERSTE SCHRITTE IM DIALOG

Vom Dialog

Die Öffnung unseres Zeltes zu uns selbst, zu den Mitmenschen und zur Welt liegt in der Kunst des Dialogs.

Dialog geschieht, wo Personen sich begegnen. Es gibt allerdings viele Hindernisse, die so einer lebenseröffnenden Begegnung im Weg stehen: Unausgesprochene Erwartungen, Ängste, Vorurteile. Dialog ist nicht selbstverständlich. Er beginnt erst dort, wo wir auch bereit sind die Gründe zu nennen, die uns bewegen.

Der Begriff Emotion ist abgeleitet aus dem Verb „emoveri": „Von innen her in Bewegung gesetzt werden". Es geht um etwas, das uns von unserem Wesensgrund her aufsteigt und zunächst zu etwas hin oder von etwas weg bewegt. Durch die Deutung dieser inneren Bewegung können wir uns selbst begegnen.

Gefühle können im ersten Moment sehr unangenehm sein, wenn es um etwas geht, das unserer Entfaltung im Wege steht. Oft re-agieren wir dann ohne Maß und Verhältnis zu dem unmittelbaren Auslöser, der gar nicht der ursprüngliche Grund ist. Dialog ist eben nicht selbstverständlich, aber er kann mir sogar mich selbst besser verständlich machen. Das kann Arbeit bedeuten: Selbstwahrnehmung, Einsicht, Aussprache. Für Gefühle gilt das Eisberg-Prinzip: Nur etwa ein Zehntel unserer Gefühle sind uns selbst wirklich bekannt.

183

Du kannst mich jedoch nur kennen lernen, wenn ich bereit bin, meine Gefühle mit Dir zu teilen. — Meine Ideen, Überzeugungen, Werte, Einstellungen und viele meiner Gedanken sind wesentlich durch das beeinflusst, was mich bewegt. Meine Gefühle kommen aus meinem Wesen, aus meiner Geschichte und sind einzigartig wie meine Fingerabdrücke. – Das heißt, um mich zu kennen, ist es hilfreich, meine Gefühle zu kennen. Dann wird es dir auch leichter fallen, meine Ideen zu verstehen und mir in meinen Konflikten beistehen zu können. Gefühle sind der Schlüssel zu mir. Aber dieser Schlüssel wird ängstlich bewacht.

Wir leiden am meisten unter Emotionen, die in uns aufsteigen, wenn unser Selbstwertgefühl angegriffen oder bedroht ist. Uneingestanden kommt es dann oft zur Verschiebung verdrängter Gefühle wie Ärger oder Wut, die nur auf einen Auslöser warten und womöglich den Falschen treffen. Wir lehnen auch in dem Maße beim anderen ab, als wir etwas uneingestanden bei uns selbst nicht annehmen oder zulassen können. Erst die Annahme würde jedoch den konstruktiven Umgang damit ermöglichen.

Glück ist oft eine Folge gelungenen Dialogs, aber nicht Voraussetzung. Es stellt sich ein, wenn ich das gegenseitige Verständnis erlebe, nachdem der oft mühsame Weg der Selbstwahrnehmung, der Einsicht und Mitteilung nicht gescheut wurde, der sich mit jeder neuen Frage neu auftut.

Wenn ich Dir meine Gefühle nicht beschreibe und erkläre, wirst Du nur Deine in mich hineinprojizieren, und das ist niemals das Gleiche. Um mich verstanden zu fühlen ist es unerlässlich, dass du mir sagst, was du verstanden hast.

Die tiefste Sehnsucht des Menschen ist es, erkannt oder ent-deckt und angenommen zu werden. Umgekehrt ist es unsere größte Angst, erkannt und dann abgelehnt und verworfen zu werden. Diskutieren ist wesentlich unverfänglicher — ich kann meine Meinung ja vorschieben und sogar ändern. Zum Streitproblem wird sie erst, wenn ich meine Meinung in der Situation mit mir, meinem Wert und meiner Berechtigung verwechsle. Wenn ich jedoch ein Gefühl preisgebe, dann decke ich den Ort auf, an dem ich wirklich lebe. Ich mache mich verletzlich und bin dir, deinem Verstehen, deiner Annahme ausgeliefert. Aber es gibt keinen anderen Weg zur Begegnung, um mich verstanden und erkannt zu fühlen. Stattdessen gibt es unzählige Fluchtmöglichkeiten.

Wenn Dir Dein Freund, deine Freundin oder dein Partner morgen genommen würde, was würde er/sie von Dir wissen? Wüsste er/sie, was er/sie Dir bedeutet?

Das größte Hindernis ist die Angst, dass der andere mich nicht verstehen, meine geistige Gesundheit, meine Integrität anzweifeln, oder das Mitgeteilte später als Argument gegen mich gebrauchen könnte. Darum sind hier Behutsamkeit und allergrößter Respekt

185

geboten, denn wer in diesen Bereich eingelassen wurde, kann einen anderen zutiefst verletzen.

Gefühle melden sich, wo unsere Person sich zeigt und mit dieser Welt in Berührung kommt. Sie sind also das Ergebnis zahlloser Einflüsse während unseres ganzen Lebens. Sie können durch den anderen zunächst ausgelöst werden, sind aber damit nicht automatisch von ihm verursacht.

Gefühle sind damit ein Zeichen von Gesundheit, nicht von Krankheit. Gefühllosigkeit ist auch keine Voraussetzung für klares Denken. Im Gegenteil: Nicht eingestandene Gefühle trüben unser Denken. Sie sind durch das Aussprechen, durch den Austausch auch veränderbar: Negative Gefühle können sich in positive verwandeln, wenn sie angenommen und ausgetauscht werden — und wenn daraus das Gespür destilliert wird.

Die größte Gefahr im Umgang mit Gefühlen ist, sie zu ignorieren und zu verdrängen. Das kann zu einer Verzerrung der gesamten Persönlichkeit führen — bis hin zu körperlichen Symptomen. Unterdrückte Gefühle richten sich oft gegen uns: Wir fühlen dann zwar Schmerz und Traurigkeit, wissen aber nicht mehr, warum. Wer Schuldgefühle unterdrückt, kann eine ständige, unterbewusste Tendenz entwickeln, sich selbst zu bestrafen. Unterdrückte Angst, Zorn oder Wut führen oft zu Schlaflosigkeit, Kopfweh oder Magengeschwüren.

Bei den Gründen für diese Unterdrückung geht es oft um Selbstverständliches, das uns selbst noch nicht verständlich ist:

Erziehung: Der Umgang mit Gefühlen wurde möglicherweise nie gelernt. Unsere tiefsten Haltungen werden während der ersten 5 Lebensjahre geformt und sind davon geprägt, wie etwa die Eltern mit Zärtlichkeit oder Ärger umgegangen sind.

Rollenbild: Es ist durch die Gesellschaft geprägt, in der wir aufgewachsen sind. Für viele bedeutet Männlichkeit immer noch, gewisse Gefühle einfach nicht zuzulassen. Inwiefern verstümmelt ein falsches Idealbild meine Gefühlswelt?

Moralisieren: Wir tendieren dazu, Gefühle in gute und schlechte einzuteilen, wobei gute Gefühle erstrebenswert und schlechte Gefühle zu vermeiden oder zu unterdrücken sind: Mitleid etwa ist ein gutes Gefühl; Zorn, Jähzorn oder gar Selbstmitleid dagegen sind schlecht. Es gibt jedoch keine guten oder schlechten Gefühle, nur das, was wir daraus machen, kann gut oder schlecht sein. Gefühle können damit auch nicht richtig oder falsch sein, sie sind einfach. Nur das, was ich mit meinen Gefühlen mache, kann beurteilt werden: Wie ich mit ihnen umgehe, oder ob ich zulasse, dass sie mit mir umgehen. Das kann richtig oder unverantwortlich sein.

Für den Dialog gibt es auch falsche Motive:

Bei der „Ventilation" wirst du zu meinem Abfallkorb: Ich will weder dir noch mir begegnen, sondern nur Unangenehmes abladen und benütze dich dazu.

Bei der „Manipulation" regiert auch das Prinzip: Was kannst du für mich tun? Es geht mir nicht um Offenheit einer Begegnung. Meine Absicht ist vielmehr, Druck auf andere auszuüben, um meine Bedürfnisse zu stillen. Ich präsentiere ausgesuchte Gefühle, damit der oder die andere etwas damit tut, weil er oder sie für meinen Zustand verantwortlich gemacht wird. Das kann sehr subtil geschehen, wobei Körpersprache, Tonfall, Mimik und Gestik etwas ganz anderes offenbaren als gesagt wird. In einer Familie hat bekanntlich der/die am meisten Macht, der/die die größten Opfer bringt und das alle ständig vor allem auch non-verbal wissen lässt.

Das einzig richtige Motiv wäre die Sehnsucht, mich mitzuteilen und an Dir teilhaben zu wollen, um mich und dich ein Stück zu entdecken. Letztlich möchte ich spüren können, welcher Wind in deine Seelensegel bläst, damit ich etwas mit deinen Augen sehen kann. Nach dem indianischen Sprichwort: „Beurteile nie deinen Bruder, bevor du nicht zwei Monde in seinen Mokassins gegangen bist" warte ich darauf, dass meine Zehe friert, wo dein Schuh ein Loch hat. Vielleicht gibt mein Mut, mich zu öffnen, dir denselben Mut, damit wir einander besser verstehen: Das heißt, an der Stelle des anderen stehen können und zu „ver"-stehen.

Dazu ist es wichtig, mir einzugestehen, dass ich nur so viel über mich erfahren kann, als ich den Mut habe, Dir zu enthüllen und von mir preiszugeben.

Wenn du andererseits sagst, dass du mich magst, will ich, dass du mich wirklich kennst. Deine Anerkennung kann nur soweit wirksam sein an mir, soweit ich den Mut habe, dir zu enthüllen. Mit Dir kann ich an Orte dringen, wohin ich niemals allein gegangen wäre. Ich beraube mich des Potentials, der Wirksamkeit deiner Annahme, soweit ich mich vor dir verstecke.

Wir sprechen also im Dialog, um uns einander mitzuteilen, nicht, um recht zu haben oder zu siegen. Wenn ich dir sage, wie ich fühle, öffne ich mich dir: Das Kostbarste, das ich Dir geben kann. Damit verlasse ich mich auf deinen Schutz, ich bitte dich um Dein Verständnis, um deine Annahme und lade dich zur Erwiderung ein. Vielleicht gibt mein Risiko und mein Vertrauen Dir die Kraft und den Mut zum selben Risiko.

Wenn ich nicht gewillt bin, meine Bedürfnisse offen und ehrlich anzuerkennen, dann gibt es keinen Platz für Deine Annahme in meinem Leben.

Das Herz, der Kern meiner Mitteilungen sind nicht meine Gedanken. Du könntest sie alle kennen und mich trotzdem noch nicht verstehen. Es sind meine Gefühle und die sind wahrzunehmen und so zu beschreiben, dass Du sie nachfühlen kannst.

Dialog zwischen Menschen ist also mehr als die Übermittlung von Information. Es ist ein Weg, sich mitzuteilen und Anteil zu nehmen am anderen. Jede lebendige Beziehung ist gekennzeichnet durch einen lebendigen Dialog. Wir brauchen also diesen Dialog, um zu leben und zu wachsen.

Um so mitzuteilen, muss ich bereit sein, den Ort aufzudecken, an dem ich wirklich lebe — und das ist immer dort, wo ich fühle: Der Dialog ist also ein Austauschen von Gefühlen — zum tieferen Kennenlernen, Verstehen und Annehmen des anderen. Sein Ziel ist die Begegnung, das Erleben der anderen Person.

Im Dialog möchte ich nicht: Probleme lösen, Ideen austauschen, Entscheidungen fällen, Rat geben oder empfangen, Pläne schmieden oder Dinge überlegen. Das gehört alles in die Diskussion. Ein effektiver Dialog ist eine wesentliche Voraussetzung für eine fruchtbare Diskussion.

Dem Grad des Risikos und der Verletzlichkeit entspricht beim Dialog der Grad des Vertrauens. Ich muss mich darauf verlassen können, dass ich bei dir und durch dich geschützt bin, um mich im Dialog zu öffnen.

Konkret heißt das, dass wir eigentlich keinen Dialog führen können, ohne uns an gewisse Spielregeln zu halten, um eine geschützte Atmosphäre des Vertrauens herzustellen.

Zunächst sollte ein klarer Zeitrahmen abgesteckt werden, in dem es nur um Dialog und nicht um Diskussion, Planung oder gar Konfliktlösung. Dialog ist die Voraussetzung zur Konfliktlösung. Das kann auch bei einem Glas Wein passieren. Wichtig ist nur, dass wir uns einig sind, worum es geht und uns Folgendes in Erinnerung rufen:

Es gibt keine Alternative zur Ehrlichkeit — sonst geht es nicht um Begegnung: Wenn ich nur sage, was ich glaube, dass du hören willst, mache ich uns Beiden etwas vor.

Wir wollen verstehen, nicht gewinnen. Alles andere gehört in die Diskussion. Es geht darum, mich in dich einzufühlen. Dazu brauche ich die Fähigkeit, für einen Moment alles Eigene beiseitezuschieben, um dich auf mich wirken zu lassen. Das bedeutet:

Nicht unterbrechen, außer zum besseren Verständnis.

Nicht über die Antwort nachdenken, während der andere spricht. Dein Anders-Sein kann ich nur respektieren, wenn ich ohne innere Checkliste zuhöre, wo ich mit dir übereinstimme und wo nicht.

Nicht nur tolerieren, sondern versuchen, sich zu identifizieren, mich in dich hineinzuversetzen.

Ich kann nicht wissen, was du gesagt hast, sondern nur, was ich gehört habe. Darum ist es wichtig, dir zu sagen, was ich glaube, verstanden zu haben. Erst durch deine Zustimmung weiß ich, dass es so ist.

Es ist hilfreich damit zu beginnen, dass wir uns gegenseitig sagen, woher wir gerade kommen und wie es uns geht. Dazu gehören auch Ereignisse, die uns gerade beschäftigen. Haben wir diesen Raum einmal abgesteckt und uns gegenseitig abgeholt und eingeladen, können wir einander anhand ganz alltäglicher Anlässe nach der Art und Weise fragen, wie wir das erleben: Eben nach unseren Gefühlen.

Im Dialog gilt also das Gebot allergrößter Behutsamkeit und des Respekts, denn der Ort, wo ich fühle, ist der ungeschützteste und verwundbarste meiner Seele. Im Dialog ist kein Platz für Argumente: Es gibt keine Argumente dagegen, wie sich der andere fühlt. Eine Diskussion aber wird umso fruchtbarer, je mehr ich weiß, wie der andere fühlt und was sein Denken sucht — um uns auf gemeinsam getragene Ziele einigen zu können. Wenn dieser Austausch stattgefunden hat, muss ich nämlich nicht unbedingt recht behalten müssen, um zu meiner Meinung berechtigt zu sein. Dialog ermöglicht also eine konstruktive Diskussion.

Hier noch einmal einige Schlüssel für einen bereichernden Dialog:
1. Nichts Mitgeteiltes verlässt diesen Raum.
2. Nur eigene Gefühle ausdrücken – und auch in der Formulierung bei sich bleiben. Der andere kann meine — teilweise noch unbekannten — Gefühle zwar auslösen, aber selten allein verursachen. Meine Gefühle haben ihre je eigene Geschichte in

meinem Leben. z.B. Nicht: „Du machst mich wütend...", sondern: "Bei dem Satz/Blick/Verhalten bin ich wütend geworden."

3. Keine Beurteilung.
4. Versuchen, zu verstehen.
5. Die Gefühle des anderen annehmen und eigenes Verständnis signalisieren.
6. Danke sagen.

Hier noch eine kleine Anfangsübung:

Wenn ich auf die Frage "wer bist Du?" statt mit meinem Namen mit zwei Eigenschaftswörtern antworten müsste, welche zwei Wörter würde ich aussuchen? Welche zwei Eigenschaftswörter erfassen am besten mein Wesen und die charakteristischen Merkmale meiner Persönlichkeit? Wenn ich die zwei Wörter gefunden habe, versuche ich möglichst lebendig und detailliert zu beschreiben, was jede Eigenschaft für mich bedeutet.

Interessant wäre es auch umgekehrt, dich von mir so beschreiben zu lassen, um zu erfahren, wie du auf mich wirkst.

Gesprächskultur

Fruchtbare Diskussion und Konfliktbearbeitung beginnt auf der emotionalen Ebene: Nur dort, wo ich verstehen kann und will, kann es zu konstruktiven Lösungsansätzen kommen, sonst geschieht eine Vermischung der sachlichen mit der emotionalen Ebene und führt unweigerlich zu einer Verhärtung der Fronten.

Je emotionaler Menschen an dem Konflikt beteiligt sind, desto schwerer wird es, diese Ebene ungeschützt zu offenbaren und Gefühle preiszugeben. Gerade in einem Konflikt möchte ich mich damit nicht ausliefern oder missverstanden werden. Dieses Ausklammern wird noch damit gerechtfertigt, dass man doch um der Sache willen jede gefühlsmäßige Beteiligung vermeiden sollte, um objektiv zu bleiben. Das kann so weit gehen, dass man sich selbst die eigenen Gefühle nicht eingesteht. Verdrängte emotionale Beteiligung aber wird in einer Diskussion meist destruktiv wirksam. Daher kommt es nicht selten gerade bei ganz "sachlichen" Themen, die von ausgesprochen gebildeten und vernünftigen Menschen diskutiert werden dazu, dass sich unsachliche, emotionelle Polemik entlädt und zu immer größerer Entfremdung der Positionen führt. Es kann dann zu Beleidigungen und Verletzungen kommen, die zunehmend das gemeinsame Gespräch und damit die Lösung des Konfliktes untergraben.

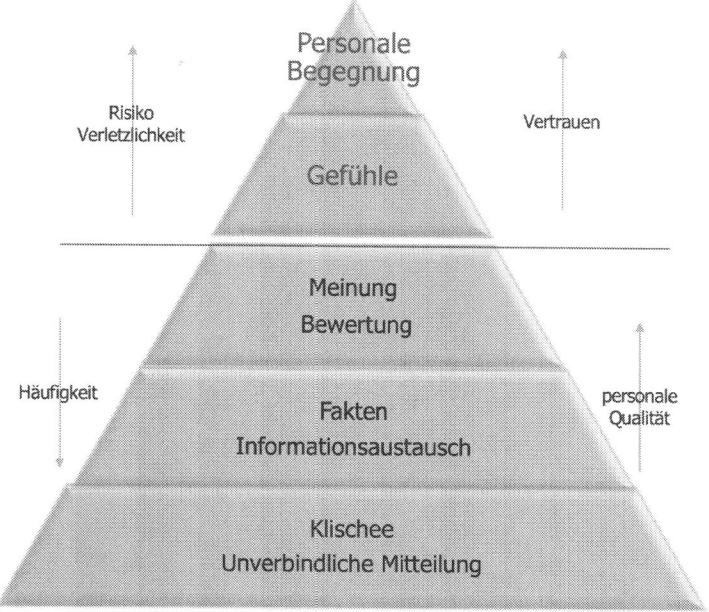

Abbildung 2: Kommunikationspyramide

Aus dieser „Kommunikationspyramide" (Powell, 1998, S.45-53) wird deutlich, dass mit der allgemeinen Häufigkeit von Gesprächen deren Qualität abnimmt — je persönlicher und gehaltvoller, desto seltener. Eine personale Qualität erhält ein Gespräch erst, wo ich es wage, über meine Gefühle zu reden. Damit steigt aber auch das Risiko, verletzt und abgelehnt zu werden und das dazu nötige Vertrauen, es trotzdem zu versuchen.

Das Problem bei Diskussionen ist oft, dass die emotionale Ebene sich ungeklärt — nach dem Eisbergprinzip — unter der sachlichen Ebene verbirgt. Hinter den Fakten, um die es geht und erst recht hinter deren

Bewertung und der daraus vertretenen Meinung stecken eine Menge unausgesprochener Gefühle. Je weniger diese Gefühle, dieses Interesse, aber geklärt wurden und ich mich damit verstanden fühle, desto mehr bleibt mir oft nur, recht zu haben, also die allgemeine Zustimmung zu meiner Meinung, um mich ernst genommen zu fühlen. Je unsicherer ich mich in einer Gruppe fühle, desto mehr steigt jedoch das Bedürfnis, ernst genommen zu werden. Damit wird klar, dass wir umso sachlicher und objektiver über eine Sache diskutieren können, je mehr wir das unter Freunden tun, um nicht über die eigene Meinung um die eigene Anerkennung kämpfen zu müssen. Ein Freund aber weiß, was mich bewegt und versteht mich.

Ich möchte noch einmal erinnern an den Unterschied zwischen eindeutigen Ursachen, die erklären, und Gründen, die Verständnis vermitteln. Keine Konfliktlösung kommt ohne Verständnis zustande; Verständnis aber muss ergründet werden - es geht personal eine Ebene tiefer als die reine sachliche Mitteilung. Gründe sind im Gegensatz zu Ursachen nicht zwingend. Einem Grund gegenüber bin ich frei: Er bewegt mich zwar, aber ich kann mich auch anders entscheiden. Ein Grund ist wie eine Brise, die mein Seelen-Segel füllt und mir die Möglichkeit gibt, mich auf etwas Wertvolles hin zu bewegen, - ich kann jedoch jederzeit das Steuer herumreißen. Gründe sind immer zukunftsweisend und lassen den Weg offen. Eine Ursache dagegen bestimmt den Weg ohne meine Wahl. Bei Gründen geht es immer um etwas, das mir wertvoll ist, denn ohne diesen Wertbezug kann etwas nicht sinnvoll werden.

Einen Menschen zu verstehen bedeutet also, seine Gründe zu kennen: Sich dem inneren Wind auszusetzen, der sie oder ihn bewegt, — sonst kann ich nicht an seiner/ihrer Stelle stehen und der Standpunkt bleibt mir fremd. Unverstanden zu bleiben bedeutet aber in dieser Situation, mich nicht ernst genommen zu fühlen und führt dazu, mich schützen und verteidigen zu müssen. Wer damit beschäftigt ist, sein Revier zu verteidigen, kann nicht gemeinsam auf ein Ziel zugehen. Wirklich „ver-nünftige" also ver-nehmende Auseinandersetzung und Lösungssuche, die auf mehr als sich und den anderen hört, bezieht diese Gefühlsebene mit ein, sonst geht sie am Menschen und damit letztlich auch an der Sache vorbei.

Am empfindlichsten — am leichtesten zu bewegen — sind wir naturgemäß dort, wo es um unseren eigenen Wert geht: Das Verhältnis des Menschen zu sich selbst ist nicht selbstverständlich gut. Dieser Eigenwert muss uns immer wieder vermittelt und anerkannt werden, um ihn für uns in Anspruch zu nehmen. Die übliche Art, das Selbstwertgefühl in einer Auseinandersetzung zu schützen ist es, das Recht auf seine Seite zu holen. Mit anderen Worten: Ich muss in dem Maße recht behalten als ich mich in meinem Recht da zu sein

— meist unbewusst — bedroht fühle. Dabei verschieben sich ganz schnell die Ebenen: Die Sache, um die es eigentlich ging, wird nebensächlich; sie ist lediglich Anlass, um klarzumachen, wer der Bessere ist — also mehr Recht hat. Sitzungen, bei denen jeder um sich selbst kämpft, ziehen sich ins Endlose und werden mit zunehmender Müdigkeit immer heftiger und sinnloser. Diese Verschiebung vollzieht sich so unbemerkt wie sie unbewusst ist: Je eiserner die Absicht, sachlich zu bleiben, desto unsachlicher kann so das Gespräch werden, weil wir die eigene emotionelle Beteiligung gar nicht wahrhaben wollen. Wir werfen sie nur dem anderen vor und merken selbst nicht, wie wir immer lauter werden. Was wir nicht wahrhaben wollen, können wir aber auch nicht aussprechen. Genau hier liegt jedoch der Schlüssel. — Leider ist es oft das Letzte, worüber ich freiwillig reden würde: Mich in meiner Unsicherheit zu offenbaren hieße doch, mich auszuliefern, um einfach überrollt zu werden. Das ist das Dilemma, das unweigerlich in den so oft erlebten Teufelskreis eskalierender Konflikte führt.

Konkrete Ansätze

Eine fruchtbare Diskussion gelingt dort, wo jede/r TeilnehmerIn zum Ausdruck bringen kann, worum es ihr/ihm geht. Das geht, wenn ich bereit bin den Ort aufzudecken, am dem ich fühle und lebe: Dort also, wo sich mich verstanden und damit ernst genommen fühlen kann. Das bedeutet, meine Gründe wahrzunehmen und zu ihnen zu stehen, indem ich sie mitteile: Worum geht es mir eigentlich? Was bewegt mich? Warum? Was fühlt sich wodurch bedroht an? Diese Gründe sollten zuerst zur Sprache gebracht und verstanden werden. Verstehen heißt auch, den Wert bejahen, um den es dem anderen geht.

Je weniger ich recht behalten muss, desto richtiger und konstruktiver mein Lösungsbeitrag. Eine konstruktive Diskussion ist dann wahrscheinlicher, wenn sie durch eine Runde des Dialogs, einem „geschützten" Austausch auf der Gefühlsebene, eingeleitet wurde. Jeder von uns kennt das Aufatmen in einem Raum, wo aus der Enge unausgesprochener Bedrohung, aus dem Gefühl eines Gegeneinanders, ein Miteinander wird. Es wird Energie frei, die vorher gebunden war.

Wo eben noch jeder Nerv zum Zerreißen gespannt war, wo alle Energien zum Schutz des Eigenen vereinnahmt wurden und jeder noch unausgesprochene Satz schon mit Verdächtigungen vorbelastet im Raum steckenblieb und nicht zum anderen durchdringen konnte, kann eine ehrliche Runde genannter und zugestandener Gründe im tiefsten Sinne des Wortes Lösung bewirken: Lösung von festgefahrenen Positionen, Lösung von Energien, die frei werden, um objektiv über ein Problem nachzudenken. Es ist, als ob innerlich

199

Fenster und Türen aufgemacht und neue Räume eröffnet werden, weil ich von mir weg und damit erst wirklich hinschauen kann. Mit den neuen Räumen aber kommen neue Perspektiven und die Möglichkeit, die eine unabdingbare Frage zu stellen: Worum geht es uns gemeinsam? Gibt es etwas, das wir zusammen viel besser erreichen könnten?

Diese Ebene, die Basis eines nicht bedrohten Standpunktes kann nur in einem geschützten Raum erreicht werden – unter Einhaltung der oben erwähnten, klaren Spielregeln. Aus meiner emotionalen Verteidigungsrüstung kann ich erst klettern, wenn ich nicht mehr bedroht bin: Dort also, wo auch jeder vermeintliche Gegner seine Rüstung ablegen kann, um diesen Raum des Vertrauens zu betreten. Dazu ist Einigung notwendig, dass um eines gemeinsamen Zieles willen der Schutz dieses Raumes aufrecht erhalten wird, damit niemand sich das Recht seiner Anwesenheit erst durch Recht-Behalten erkämpfen muss.

Ist die Runde des Dialogs abgeschlossen, kann der „Schutzraum" verlassen werden und die Diskussion beginnen. Sie wird auf jeden Fall an Qualität, Kultur und Effizienz gewinnen.

Bei festgefahrenen Positionen hilft die Einbeziehung eines unbeteiligten, von allen Seiten anerkannten Vermittlers, der darauf achtet, dass Gründe zur Sprache kommen.

Kann man blinder Wut die Augen öffnen?

Alles Wertvolle ist wesentlich personal: in Personen unmittelbar, denn nur von Personen kann die ersehnte freiwillige Antwort kommen, die lebenseröffnenden Dialog ermöglicht. In der Natur, in der Kunst, in Gegenständen mittelbar und letztlich auf ein Gegenüber verweisend, das Ursprung und Erfüllung allen Person-Seins ist.

Darum kann ein Gegenstand nur stellvertretend Wut auf sich ziehen und selbst dessen Zerstörung nie gänzlich von der Wut befreien. Wut richtet sich immer gegen jemanden, auch wenn ich selbst das bin, wo ich meinen eigenen Ansprüchen nicht gerecht werde.[10]

Entspricht Ärger und Zorn lediglich einer Grenzverletzung — etwa wenn ich an der Kassa einfach übersehen werde — so steigt spätestens nach mehrfachem und absichtlichen Übersehen langsam die Wut hoch. Ein Unterschied ist, das mit der aufsteigenden Wut meist auch mein frei gestaltbarer Handlungsspielraum sich einengt. Je näher und bedrohlicher die Missachtung meinem Wesen rückt, desto dringender und drängender die Not-wendigkeit, sich dagegen aufzubäumen und auf sich aufmerksam zu machen. Andererseits bin ich nur solange wütend als die Chance besteht, durch meinen Kampf etwas daran zu ändern. Die Antwort auf kategorische Missachtung, auf Verachtung, ist der Hass. Darum ist auch die Antwort auf ein Volk, das Gott vermeintlich bevorzugt, der vernichtende Hass. Das war schon bei Kain und Abel das Problem.

Die Wut ist also ein Anwalt meiner Person, der mir aufzeigt, dass etwas Wesentliches nicht stimmt. Leider ist dieser Anwalt unmittelbar mit der Exekutive verbunden, die mir meist keine Zeit lässt, das Was und Warum zu klären. Das lässt diesen Anwalt blind erscheinen, aber eigentlich fehlt nur die Zeit, ihn zu befragen, um gezielter und effektiver vorzugehen. Erschwerend und erst recht demütigend kommt hinzu, dass das blinde Um-Sich-Schlagen in den allermeisten Fällen meiner Sache nicht dient, sondern sogar schadet. Das unangemessene und polternde Verhalten raubt mir in den Augen anderer jeden berechtigten Anspruch.

Hier ist also einem überwältigenden Gefühl das Gespür abzugewinnen, worum es mir eigentlich geht, um mich effektiv dafür einsetzen zu können. Was da äußerlich passiert ist, gilt es abzustimmen mit dem, was es mir innerlich bedeutet, um zu erfahren was eigentlich warum bedroht ist und wogegen ich mich aufbäume. Wird die Wut so befragt, werden mir die Augen geöffnet und ich kann die Worte finden, um mich selbst zu vertreten. Dazu bräuchte ich aber genau den Freiraum, den mir die Wut nimmt.

Ein erster Fortschritt im Umgang mit der Wut ist also jeder noch so kleine Raumgewinn, in dem ich nicht gleich reagiere. Dabei könnte mir das Durchatmen oder Zählen (aber vor allem das Gefragt-Werden) helfen: Alles, was hilft, mir in Erinnerung zu rufen, dass ich eine Wahl habe, mich entscheiden kann.

Je besser mir das gelingt — und sei es beim Holzhacken — desto früher kann ich nach außen klären, gegen wen sich meine Wut eigentlich richtet und nach innen, was mir da so wertvoll ist und wodurch es bedroht scheint. Manchmal wird mir dabei auch klar, dass die Bedrohung mit der unmittelbaren Situation gar nichts zu tun hat, viel älter ist und durch irgendein Detail, ein Blick, ein Wort, eine Geste wieder ausgelöst wurde.

Je klarer ich so verstanden habe, worum es mir geht, desto gezielter kann ich mich für den bedrohten Wert einsetzen. Ich kann meiner Wut eine Sprache geben, die umso weniger laut sein muss als sie an Deutlichkeit und Präzision gewinnt und — wenn möglich — sogar den Adressaten erreicht.

Von der Traurigkeit zur Trauer

Hinter der Wut verbirgt sich oft die Traurigkeit. Die Wut kämpft noch um die gefährdete Beziehung zu einer Person, die Traurigkeit überschwemmt uns bei deren Verlust.

Ähnlich wie im Umgang mit der Wut, ist Trauer ein aktiver Dialog mit der Traurigkeit, um dem überwältigenden und manchmal lähmenden Gefühl das Lebenswerte abzugewinnen, worum es ihr geht. Trauer ist also im tiefsten Sinne des Wortes „not-wendig", weil sie die Not eines Leids, eines Verlustes zu wenden und bewältigen vermag, wenn wir ihr nicht ausweichen.

Nicht gelebte Trauer kann in die Depression führen, in der mich Werte kaum mehr erreichen.

Schon sprachlich werden Unterschiede deutlich: Wir trauern über etwas, aber wir leiden unter einer Depression. In der Trauer bleiben wir fähig uns zu freuen, zu lieben oder uns zu entscheiden. Wir können unsere Arbeit machen. Diese Fähigkeiten gehen uns in der Depression weitgehend verloren. In der Trauer fühlen wir unseren Selbstwert, in der Depression finden wir keinen Zugang dazu.

Grundsätzlich lebt das Gefühl beim Trauern, auch wenn es uns manchmal überwältigt. Die Depression ist geprägt von Gefühllosigkeit, einer grauen, lustlosen, eintönigen Apathie, Wertlosigkeit und einem diffusen, alles beschwerenden Schuldgefühl. Wir bleiben dem

Leben unser Gefühl schuldig, wo es uns nicht mehr berührt.

Die Gedanken des Trauernden sind auf das gerichtet, was wertvoll war und verloren wurde, während die Gedanken des Depressiven um die eigene Ohnmacht, Schuld, Versagen, die eigene Befindlichkeit und Angst kreisen.

In der Trauer wollen wir traurig sein. In der Depression wollen wir nur, dass es aufhört. Durch die Tränen der Trauer kommen wir mit dem Leben wieder in Berührung, was wir als tröstlich erleben. In der Depression taucht dagegen nur Negatives auf: neblig, dunkel, kalt, grau und leblos.

Während die Depression lähmt, ist die Trauer ein aktiver Prozess der Verarbeitung. Sie geschieht nicht einfach ohne mich. Darum sprechen wir zu recht von Trauer-Arbeit. Indem ich mich dem stelle, was da so weh tut, was mir fehlt, was ich verloren habe, kann ich unverlierbar entdecken, wie sehr es zu mir und meinem Leben gehört. Andrerseits kann ich Trauer nicht einfach „machen". Es geht darum, mich ihr zu stellen und sie geschehen zu lassen.

Aber ich entdecke in der Trauer über einen Verlust noch etwas anderes: dass dieses Leben begrenzt ist und ein Ende hat – und das kann Angst machen. Vielleicht ist Trauern auch deshalb schwierig und schwer, weil wir hinter dem Schmerz dieser Bangigkeit begegnen, der wir so gerne ausweichen würden. Es ist eben nicht gleichgültig, woran mein Herz hängt, womit ich dieses Leben fülle und wie ich es lebe. Es ist als ob das Leben selbst mich neu fragt – gerade, wenn mir etwas verloren geht: Was soll vorkommen in deinem Leben? Was ist wichtig genug, um angesichts des Endes sagen zu können: Ich habe gelebt? Was bleibt auch im Ende noch gültig?

Nehmen wir noch einmal an, wir würden unser Lebensbuch aufschlagen und es ist bis zum heutigen Tag vollgeschrieben. Wie würde ich es gerne weiterschreiben? Was sollte im nächsten Kapitel vorkommen? Was sollte zum Schluss drinstehen, damit ich sagen kann: Ich habe mein Leben gelebt. Ich bin darin vorgekommen?

Hinter der Angst vor dem Ende steckt oft die Angst, nicht gelebt zu haben.

In der Trauer geht es darum, dass etwas Lebenswertes verloren ging. Es geht darum, von einem Teil meines Lebens Abschied zu nehmen und wie ich mit diesem Verlust umgehe. Letztlich stehe ich vor der Frage, ob ich mich auf dieses Leben noch einlassen kann und mag, ob es mir gelingt, wieder Beziehung mit diesem Leben aufzunehmen. Dazu ist es nötig, wieder Beziehung mit mir aufzunehmen in meinem Leid. Das kann so weh tun, dass ich Angst habe, es nicht auszuhalten; Angst, dass ich nicht mehr zum Leben komme, es nicht mehr spüre, weil etwas in mir gestorben ist. Das kann ein Punkt sein, an dem ich allein nicht mehr

206

weiterkomme: Hier versuchen wir uns dann abzulenken, stürzen uns in die Arbeit, in den Alkohol, werden schnell wütend und aggressiv oder resignieren bis uns in der lähmenden Depression gar nichts mehr berührt. Das sind Schutzreaktionen, die einsetzen, wenn wir meinen, etwas nicht mehr aushalten zu können.

Das ist auch der Punkt, wo der Begriff Trauer-„Arbeit" missverstanden werden kann, denn Trauer ist nicht machbar: Hier ist es oft nur möglich auszuhalten, bei mir zu bleiben und die Schmerzen, die Traurigkeit und die Angst zuzulassen, wenn jemand da ist, der mit mir fühlt und mich aushält. Das kann mir den nötigen Halt vermitteln, um der Angst zu begegnen und die Schmerzen zu zu lassen. Wenn ich so bei mir bleiben kann, kann mich das Leben auch wieder berühren: es entsteht Wärme, es löst sich etwas, Tränen können fließen. Etwas Ähnliches erleben wir rein körperlich, wenn uns etwa an einem eisigen Wintermorgen die Fingerspitzen beim Kratzen der Windschutzscheibe gefühllos geworden sind. Der Moment, an dem Wärme unsere Finger wieder mit Blut versorgt, und Leben wieder spürbar wird, tut am wehsten.

Wo es mir also gelingt, diesen Schmerz auszuhalten, kann das Leben mich wieder berühren, kann wieder zu mir sprechen. Damit kann ich wieder Beziehung aufnehmen, zu dem, was ich verloren habe. Wenn ich einmal gespürt habe, dass es trotz des Verlustes noch Leben gibt für mich, dann ist es mir auch möglich, die

Beziehung zum Wert des Verlorenen zu erhalten – nur die Form, wie sie gelebt wird, ändert sich. Das Wertvolle kann geborgen werden, verinnerlicht, es darf in mir weiterleben, wird unverlierbarer Teil meines Lebens. Das ist, was die alten Griechen mit dem Begriff „Aletheia" gemeint haben. Das Reich des Todes war in ihrer Mythologie vom Fluss „Lethe", dem Fluss des Vergessens begrenzt. „A-letheia" war die Möglichkeit, etwas diesem Fluss zu entreißen und unverlierbar zu bergen. Das kann durch Trauer geschehen. V. Frankl hat es einmal so ausgedrückt: Etwas aus „dem Stoppelfeld des Vergänglichen in die Scheune des Lebens" (Frankl, 1990, S.335) zu bergen, wo es „gewesen" ist und zu meinem Wesen gehörig bleibt, solange ich bin. Darum ist es wichtig, Verluste „aufzutrauern", damit ihr Wert nicht verloren geht.

Natürlich ist es hilfreich, diesen Weg einmal gegangen zu sein, um es dort mit jemand auszuhalten, um bleiben und begleiten zu können. Das geschieht anfangs fast wortlos, denn „wo alle Worte zu wenig wären, ist jedes Wort zu viel" (Frankl, 1990, S.386). Sonst laufen wir Gefahr, mit unserem Trost nur vom eigenen Betroffensein abzulenken, statt den Prozess des Bergens zu ermöglichen.

Das ist wie bei einem Taucher, der vom Boden des Meeres einen Schatz heben möchte. Es ist hilfreich, sich selbst der Angst vor der Tiefe und der aufkommenden

Panik, keine Luft zu bekommen, einmal gestellt zu haben.

Beim Trauern geht es um das Heben und Bergen eines Wertes, damit er er-innert und verinnerlicht werden kann — und das geschieht mit allen Sinnen.

Trauer ist schmerzhaft. Ein Schmerz, der uns in Wellen überrollt und droht uns zu ertränken. Die Auswirkungen dieser Wellen werden uns bei einem geliebten Menschen wahrscheinlich einholen, solange wir dieselben Wege gehen, gemeinsame Räume betreten, dieselben Dinge berühren, Bilder ansehen und solange wir die geliebte Stimme innerlich noch hören und das Lächeln erinnern können.

Trauer heißt wieder zu erleben, zu er-innern und das Wertvolle „inwendig" zu bergen[11], das verloren ist. Es würde nicht so weh tun, wäre es nicht so unbezahlbar und unersetzlich. Aber so können wir auch einem geliebten Menschen erlauben, in uns und durch uns weiterzuleben. Es kann uns reicher machen – trotz des Verlustes.

Ich erinnere hier an Martin Heideggers Satz: „Das Vergangene geht, das Gewesene kommt." Alles mit mir Abgestimmte und als mir zutiefst und wesentlich zugehörig Erkannte, alles Wesentliche ist zukunftsträchtig und eröffnet Leben.

Trauer ist genau das: Wieder in Berührung zu kommen und zu bergen, was uns kostbar, was uns wertvoll ist. Dort, wo wir das schmerzlich, aber auch den

Schmerz lösend einholen, spüren wir wieder das warme Strömen des Lebens und die Richtung, in die es uns zieht. Die Einzigartigkeit des Verlorenen, aber Erfahrenen, wird als zu unserem Wesen gehörig neu empfangen und angenommen. Es wird unverlierbar: nicht bloß vergangen, sondern gewesen, wesentlicher und unabdingbarer Teil von uns – und kann uns neu Antwort geben auf die Frage, wofür wir da sind.

In diesem Sinne wünsche ich uns, dass wir trauern lernen und uns dem Leben zuwenden. Vor allem aber, dass wir es in den Stunden größten Verlorenseins nicht allein tun müssen.

NACHWORT

Das Erstaunliche, was ich an manchem Existenzialisten seit Kierkegaard beobachte, ist wie wenig konsequent mit dem Ursprung, den Grundannahmen dieses Denkens umgegangen wird. Es wird immer noch angestrengt versucht, in zwei Dimensionen zu übersetzen und offen zu lassen, was nur in drei personal zu begründen und zu verstehen ist. Es wirkt wie ein Wegschauen, aber ich vermute, dass hinter diesem Wegschauen aus ideologischen Gründen abgelehnt wird, was die Sichtweise eigentlich begründen würde.

Wir können heute mit einer personalen geistigen Dimension kaum mehr etwas anfangen. Es rührt zu sehr an das furchterregend Unfassbare und Numinose — und schrecklich Missbrauchte. Also schließt man „messerscharf, dass *zumindest* nicht *nur* sein kann, was *eigentlich* nicht sein darf"[12] (Morgenstern, 2014. S.162 — mit kursiver Ergänzung durch den Autor) und begründet es mit einer betonten Offenheit, die sich nicht festlegen möchte und dem aufgeklärten Rationalismus des modernen Menschen, der das finstere Mittelalter endgültig überwunden hat. Ein anderes gilt allerdings ebenso: Je klüger der Kopf, desto subtiler der Narzissmus. Es wird wohl erst späteren Generationen vorbehalten sein zu beurteilen, ob hinter mancher vermeintlichen Erweiterung und Überwindung der Sichtweise eines Lehrers nicht die wortreiche und scharfsinnige Verkleidung der eigenen emotional beschränkten Sichtweise verborgen ist. Von einem liebenden Gott auszugehen, bedeutet eines sicher nicht: Über andere zu bestimmen, wie sie denken sollen.

William James, einer der Begründer der amerikanischen Psychologie, hat schon vor mehr als hundert Jahren zu Recht behauptet, dass alle theologische Reflexion von Gotteserfahrung emotionale Wurzeln hat (James, 1902, S. 432). Das gilt allerdings gleichermaßen für die Ablehnung dieser Reflexion.

Meine Hoffnung wäre, dass diese Gedanken zu einer emotionalen Begründung verhelfen, die auch zulassen kann.

Vielen Dank für's Lesen!

LITERATUR

Barnes, T. D. (1971). Tertullian: A historical and literary study. Clarendon Press.

Böll, H. (2008). Anekdote zur Senkung der Arbeitsmoral: Bde. 12. 1959-1963 (C. Conrad, Hrsg.).

Böll, H. (2008). Werke. 12. 1959—1963 / hrsg. Von Robert C. Conard. Kiepenheuer & Witsch.

Brecht, B. (2004). *Die Dreigroschenoper: Der Erstdruck 1928* (J. Lucchesi, Hrsg.; Orig.-Ausg., 1. Aufl). Suhrkamp.

Buber, Martin (1923). *Ich und Du*. Insel.

Colli, G., & Montinari, M. (1969). *Werke: Kritische Gesamtausgabe*. de Gruyter.

Eckhart, M. (2013). *Predigten, Traktate, Sprüche*. CreateSpace Independent Publishing Platform.

Frankl, V. E. (1975). Der Mensch auf der Suche nach Sinn: Zur Rehumanisierung der Psychotherapie (Sonderdr. 4. Aufl). Herder.

Frankl, V. E. (1990). Der leidende Mensch: Anthropologische Grundlagen der Psychotherapie (Durchges. Neuausg., [1.-7. Tsd.]). Piper.

Frankl, V. E. (1998). Ärztliche Seelsorge: Grundlagen der Logotherapie und Existenzanalyse (7. Aufl). Fischer-Taschenbuch-Verl.

Gebsattel, V. E. von. (1954). Prolegomena einer medizinischen Anthropologie: Ausgewählte Aufsätze. Springer.

Gorki, M. (1921). Erinnerungen an Lew Nikolajewitsch

Tolstoi. *Der Neue Merkur*, 46.

James, W. (1902). *The Varieties of Religious Experience*. Longmans, Green, and Co.

Kierkegaard, S. (1912). *Der Begriff der Angst*. Diederichs.

Längle, A., & Holzhey-Kunz, A. (2008). *Existenzanalyse und Daseinsanalyse* (1. Aufl). Facultas.wuv.

Kierkegaard, S. (1957). *Die Krankheit zum Tode*. Diederichs.

Lewis, C. S. (1970). God in the dock; essays on theology and ethics. Eerdmans.

Mehrabian, A., & Ferris, S. R. (1967). Inference of attitudes from nonverbal communication in two channels. *Journal of Consulting Psychology, 31*(3), 248–252. https://doi.org/10.1037/h0024648

Morgenstern, C. (2014). Alle Galgenlieder: Galgenlieder, Palmström, Palma Kunkel, der Gingganz. Diogenes.

Pascal, B. (2012). Gedanken über die Religion und einige andere Themen (Nachdr.). Reclam.

Portmann, A., & Stamm, R. A. (2000). *Biologie und Geist* (Neuaufl). Edition Nereïde.

Pullman, P. (2015). His Dark Materials: The Complete Collection. RHCP Digital.

Revers, W. J. (1975). Frustrierte Jugend. 2. Familie, Fürsorge, Schule und Beruf, Sexualprobleme. Müller.

Revers, Wilhelm Josef. (1962). *Ideologische Horizonte der Psychologie*. Anton Pustet KG.

Saint-Exupéry, A. de, Leitgeb, G., & Leitgeb, J. (2003). *Der kleine Prinz: Mit Illustrationen des Autors*. Arche.

Schore, A. N. (1994). Affect regulation and the origin of

the self: The neurobiology of emotional development. L. Erlbaum Associates.

Stern, K. (1968). Die Flucht vor dem Weib: Zur Pathologie des Zeitgeistes. Müller.

Thielicke, H. (1974). Das Lachen der Heiligen und Narren: Nachdenkl. über Witz u. Humor (Orig.-Ausg). Herder.

Tolkien, J. R. R., & Lee, A. (1993). *The lord of the rings*. Houghton Mifflin.

Van Oort, J. (1994). Augustin und der Manichäismus. *Zeitschrift für Religions- und Geistesgeschichte, 46*(2), 126–142. https://doi.org/10.1163/157007394X00284

Watzlawick, P. (2016). *Man kann nicht nicht kommunizieren: Das Lesebuch* (2., unveränderte Auflage). Hogrefe.

Anmerkungen

1. Theologiegeschichtlich und philosophisch hat das wohl mit einer gnostischen und manichäischen Unterströmung zu tun, die in der neoplatonischen Tradition von Augustinus bis heute das Denken bewegt (Van Oort, 1994).

2. Dazu meint C.S. Lewis: „...our assumption that to pass beyond what we call Nature — beyond the three dimensions and the five highly specialized and limited senses — is immediately to be in a world of pure negative spirituality, a world where space of any sort and sense of any sort has no function. I know no grounds for believing this. To explain even an atom Schrödinger (Arthur Schrödinger, Austrian physicist 1887-1961) wants seven dimensions; and give us new senses and we should find a new Nature. There might be Natures piled upon Natures, each supernatural to the one beneath it, before we come to the abyss of pure spirit; and to be in that abyss, at the right hand of the father, may not mean being absent from any of these Natures — may mean a yet more dynamic presence on all levels." (Lewis, 1970, S. 34f.) — Auch wenn es nicht so ist, so bleibt es doch wahrscheinlicher, dass die geistige Dimension mehr und substantieller ist, als wir uns vorstellen können, als dass sie weniger sein muss.

3. "Behind every spermatozoon lies the whole history of the universe: locked within it is no small part of the world's future" (Lewis, 1970, S.31).

4. Es ist möglich, dass hier wie beim „Evidenz-Erleben" unsere Person etwas unvermittelt aus den Tiefen ihres Ursprungs empfängt, das von innen her in überwältigender Klarheit kaum noch oder gar keiner Gefühlsabstimmung mehr bedarf.

5. Zur fragwürdigen menschlichen Verhaltensdetermination durch Instinkte meint C.S. Lewis (1955, S.49): "The idea

that, without appealing to any court higher than the instincts themselves, we can yet find grounds for preferring one instinct above its fellows dies very hard. We grasp at useless words: we call it the 'basic' or 'fundamental', or 'primal' or 'deepest' instinct. It is of no avail. Either these words conceal a value judgement passed upon the instinct and therefore not derivable from it, or else they merely record its felt intensity, the frequency of its operation, and its wide distribution. If the former, the whole attempt to base value upon instinct has been abandoned: if the latter, these observations about the quantitative aspects of a psychological event lead to no practical conclusion. It is the old dilemma. Either the premises already concealed and imperative or the conclusion remains merely in the indicative."

6. Die tragbare, leicht veränderte Version dieses Instruments wird an anderer Stelle auch „Alethiometer" genannt. (Pullman, 2015, S.55 f.).

7. Diesen Duft beschreibt C.S.Lewis im Original seiner Einführung zu einer Übersetzung von St.Athanasius' *The Incarnation of the Word of God* (London,1944): "...the clean sea breeze of the centuries...like some all to familiar smell...honeyed and floral...grave and homely...grim but manful...with a mild, frightening, Paradisial flavour...the odour which is death to us until we allow it to become life"(Lewis, 1970, S.202-204). Oder auch J.R.R.Tolkien, der seinen Gandalf nach einer durchwachten Nacht der Entscheidungsfindung über einem Weg durch die unterirdischen, finsteren Unwegsamkeiten Morias zu Frodo sagen läßt: "And in the watches I have made up my mind...I do not like the feel of the middle way; and I do not like the smell of the left hand way: there is foul air down there, or I am no guide. I shall take the right hand passage..." (Tolkien & Lee, 1993, S.332).

8. Das Wort steht über dem Grab meines Vaters.

9. Gehen wir von den ausgebreiteten Armen des Vaters aus, an dessen Händen die Wundmale des Sohnes zu erkennen sind, und begreifen wir „Hölle" als die Liebesohnmacht, als die

sie etwa Dostojewski sieht, dann wird deutlich, dass die „Pforten der Hölle" ein für alle Mal von dem „überwältigt" und geöffnet wurden, der „nicht gekommen ist, um zu richten" (Jo 12,47). Der Schlüssel zum Tor der Hölle steckt auf der Innenseite und kann von jedem benützt werden, der den liebenden Ruf hört, wenn er durch die eigenen Mauern dringt. Für diesen Ruf sind wir alle verantwortlich.

10. Das erklärt „the innate animositiy of inanimate objects": Die manchmal „innenwohnende Feindseligkeit unbeseelter Objekte".

11. Im Englischen: „Learning by heart" - „mit dem Herzen lernen".

12. „Experience proves this, or that, or nothing, according to the preconceptions we bring to it" (Lewis, 1970, S.26).